PARIS, ESPACE
파리, 에스파스

PARIS, ESPACE 파리, 에스파스
2014년 06월 02일 초판 01쇄 발행 | 2016년 10월 20일 초판 02쇄 발행

글 · 사진 · 일러스트 김면 **표지 사진** Getty Images / 멀티비츠
발행인 이규상 **단행본사업부장** 임현숙 **책임편집** 김연주
편집팀 이소영 정미애 박혜정 윤채선 **디자인팀** 장주원 장미혜 **마케팅팀** 이인국 최희진 전연교 김새누리

펴낸곳 ㈜백도씨 **출판등록** 제300-2012-170호(2007년 6월 22일) **주소** 03043 서울시 종로구 자하문로 58 강락빌딩 2층(창성동 158-5)
전화 02 3443 0311(편집) 02 3012 0117(마케딩) **팩스** 02 3012 3010 **이메일** book@100doci.com(편집 · 원고 투고)
valva@100doci.com(유통 · 사업 제휴) **블로그** http://blog.naver.com/h_bird **나무수 블로그** http://blog.naver.com/100doci
페이스북 · 인스타그램 100doci

ISBN 978-89-6833-028-5 03920 © 김면, 2014, Printed in Korea

파리, 에스파스

김면 지음

도시 공간을 걷다

espace [ɛspa[ɑː]s]
1. 공간
2. 장소, 표면
3. [점·선·물체 사이의] 간격, 거리=distance, écart

허밍버드
Hummingbird

시작하며

도시를 걷는다. 눈앞의 광경을 보고, 피부에 닿는 바람을 느끼며, 냄새를 맡고, 들려오는 소리와 단어들을 듣는다. 도시라는 공간, 삶의 껍질들 사이에서 생겨난 그 풍경들을 영화 필름처럼 머릿속에 하나씩 쌓아 간다.

때로 도시는 혼란스러움만이 모인 곳처럼 보이지만 거기에는 오래전부터 존재해 온 규칙 같은 것이 있다. 즉, 도시라는 경계 속에서 사람들은 도시의 기억을 유지하며 살아가고, 도시는 그 기억으로 여러 형태들을 만들어, 도시를 채워 가는 사람들에게 다시 전달한다. 그렇게 '공동의 기억'이 만들어진다.

파리에는 여러 세대의 삶이 지층처럼 쌓여 있다. 이러한 장소성과 시간의 흔적들은 도시 구석구석에 자리 잡고 있다. 이를테면 오래된 길과 때 묻은 건물, 공터, 깨진 성곽, 궁전, 기념비, 카페 등은 중세와 근대의 기억을 담아 과거와 현재를 이어준다. 먼지가 내려앉은 건축물, 빛바랜 회벽, 군데군데 벌레 먹어 구멍이 난 목재는 신화가 되고 상상의 재료가 된다.

그래서 파리를 걷는 사람들의 마음속에는 '또 하나의 파리'가 생겨나곤 한다. 모네가 루앙 성당Cathédrale de Rouen을 하루의 시간대에 따라 각각 다른 느낌으로 그린 것처럼, 도시의 풍경과 공간을 대할 때 우리는 소리, 냄새, 온도, 시간, 빛, 살갗을 스치는 공기에 따라 각자의 몽타주montage를 갖게 된다.

도시의 다양한 오브제와 건축물, 일상의 공간들이 머릿속에서 살아나 나를 둘러싸고 세워지며 겹쳐진다. 그것들은 벽이 되고, 바닥 재료가 되고, 나무와 가로등이 되어, 발 앞에는 나만의 산책로가 만들어진다.

그 길을 따라 걷다 보면 헌것과 새것, 옛 방식과 새 방식, 현대의 수많은 신화들 그리고 한 시대를 풍미했던 미적 양식들이 사이좋게 공존하며 도시 속에서 기억의 몽타주들을 이어 가고 있다. 또 그것은 인문학적 토양이 되어, 지금 이 땅에서 살아가는 사람들에게 문학, 예술, 과학 그리고 디자인의 폭넓은 자양분이 되어 준다. 한 문화의 감수성은 그렇게 도시의 다양성 안에서 사물과 공간에 대해 사유하고 이야기하는 과정에서 형성되는 것 아닐까.

부족하지만 이 책에서 당신만의 산책로를 발견하기를 바라며, 친구와 와인 한잔 나누면서 편하게 대화하는 기분으로 읽어 주었으면 한다.

목차

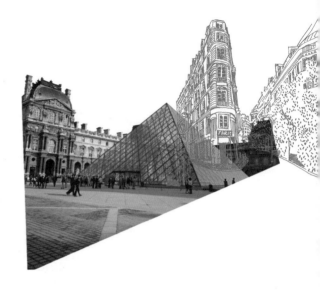

파리의 길, 광장, 정원, 시장 등은 도시라는 공간 속에서 하나의 '오브제'가 된다. 도시에서 태어나 이름을 얻고 느리게 변화하는 그러한 오브제들은, 자신의 몸에 시간의 면지와 때가 쌓여 갈수록 더 깊은 이야기를 간직하며 도시의 기억을 이어 간다.

1부

도시의
오브제

Objet d'urbain

길 Rue · Boulevard

광장 Place

정원 Jardin

시장 Marché

강 Rivière

메트로 Métro

공동묘지 Cimetière

흔적 Vestige

도시 곳곳에
뻗은
_____ **모세혈관**

생미셸 거리Rue Saint-Michel에서 센Seine 강변을 따라 걸으며 파리를 바라볼 때면 F. 스콧 피츠제럴드의 소설《벤자민 버튼의 시간은 거꾸로 간다》가 떠오르곤 한다. 분주히 시작하는 '젊은 청년'인 오늘의 파리와 '늙고 어린 시절'의 옛 파리를 번갈아 생각한다.

푸른 어둠이 아직 남아 있는 아침이다. 라이트를 켜고 늘어서 있는 자동차, 소음을 내며 그 사이를 비집고 나가는 스쿠터들, 하얀 입김을 내뿜으며 바쁘게 걷는 사람들이 보인다. 밤사이 비어 있던 도로 위에 오렌지빛이 물들며 도시는 기계와 사람들의 소리로 가득 찬다. 건물들 사이로 모세혈관처럼 뻗은 작은 골목에서 자전거와 사람들이 나오고, 두더지가 파 놓은 구멍처럼 지하로 연결된 메트로métro 입구에서도 몇 분 간격으로 사람들이 쏟아져 나온다. 그 너머로 나는 오래전 막 태어나던 작은 파리를 상상한다.

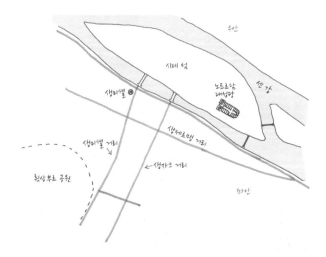

골루아Gaulois 족의 한 부족인 파리시Parisii는 B. C. 3세기경 센 강 중심의 작은 섬인 지금의 시테Cité 섬에 요새를 만들고 루테스Lutèce라는 이름의 도시를 세운다. 그러나 B. C. 53년, 이미 체계적인 군사기술을 갖추고 있던 로마의 군대에 패하고 만다. 다혈질의 파리시인들은 로마인들에게 자신들의 영토를 고스란히 넘겨주기보다 다리를 파괴하거나 불태우는 쪽을 택하는데, 결과적으로 이 사건은 로마인들이 그들의 입맛대로 도시를 바꾸는 시간을 단축시켜 주는 계기가 된다.

로마인들은 시테 섬과 육지를 다리로 연결하고, 도시의 척추 격인 도로로 카르도 막시무스Cardo Maximus를 만든다. 지금의 생자크 거리Rue Saint-Jaques에 해당하는 이 도로는 당시 또 하나의 카르도였던 생미셸 거리와 평행하게 뻗어 있다. 이 두 축을 따라 옛 파리는 성장해 왔다.

몇 곳의 유적지를 제외하고, 오늘날의 파리에서 중세 이전의 모습을 찾기는 쉽지 않다. 파리에 남아 있는 건물들은 대부분 앙리 4세 이후, 그러니까 17세기 이후의 것들이다. 하지만 파리의 길, 특히 시테 섬을 비롯한 현재 정치·경제·문화적 중심지들에서부터 양파의 단면처럼 동심원을 그리는 길들은 파리의 성장을 보여 주는 나이테라고 할 수 있다.

파리의 길은 시테 섬을 향해 뻗은 길들과 여러 겹으로 동심원을 그리는 길들이 교차해 만들어진다. 그것들은 어느 하나 곧거나 서로 평행한 것이 없다. 한 길을 따라 걷다 보면 두 갈래로 나뉘는데 그 시작점에는 모퉁이가 뾰족한 삼각기둥 형태의 건물이 함께한다. 두 길 중 하나를 택해 걷다 보면, 미처 예상

치 못했던 길과 만나기도 하고 한참 떨어진 다른 동네에 서 있는 자신을 발견하게 되기도 한다. 직선인 듯 곡선을 그리는 파리의 길. 그 매력은 보이지 않는 다음 길과의 이음매에 있다.

도시 계획상 파리는 주상 복합 도시이다. 건물 역시 인도와 인접한 지상층에는 상점들이 있고 그 위층부터 사람이 거주하는 구조이다. 따라서 이 도시의 길에는 다양한 상점들, 2층 창가에 드리운 커튼과 화분, 발코니 너머로 보이는 거실의 풍경이 함께한다. 길의 표정은 동네 사람들을 닮았고, 길을 걷는 것은 파리지엥들의 삶을 엿보는 방법이 된다.

길을 따라 걷는 도시 속 산책은 1600년대부터 그 역사를 찾을 수 있다. 태양왕 루이 14세는 그의 대범한 성격처럼, 성벽 따위는 프랑스 수도 파리의 영광이 세계로 뻗어 나가는 데 걸림돌이 된다고 생각했다. 그래서 기원전부터 19세기 중반까지 줄곧 존재한 파리의 성벽이 이때 예외적으로 사라진다. 루이 14세는 루이 13세가 파리의 방어를 위해 축조한 두꺼운 성벽을 허물었다. 대신 그 자리에 넓은 산책로를 만들고, '성벽'을 가리키는 네덜란드어인 볼베르크^{bolwerc}에서 따온 불바르^{boulevard}라는 이름을 붙인다. 이것이 오늘날 파리에서 불바르라고 부르는 널찍한 길의 기원이다.

불바르의 구성을 보면, 현재 남아 있는 형태처럼 길 안에 두 줄로 나란히 가로수를 심어 길을 세 개의 영역으로 나누었다. 중심부인 가로수와 가로수 사이에는 마차 등이 통행하는 길을 내고, 가로수와 길 옆의 건물 사이로는 각각 보행자를 위한 도로를 만들어 프랑스 역사상 최초로 보행자 도로를 공식화했다. 파리 중심부의 마들렌 사원Église de la Madeleine에서 바스티유 광장Place de la Bastille까지 숨통을 틔우는 널찍한 산책로는 이렇게 생겨났다.

불바르 외에도 파리의 길은 아브뉴avenue, 뤼rue, 상티에 sentier, 파사주passage로 나뉜다. (예외가 있기는 하지만) 가로수가 있는 대로大路는 불바르, 불바르 중에서도 개선문과 같은 기념비적 요소를 향하는 경우는 아브뉴, 길은 넓으나 가로수가 없다면 뤼로 분류한다. 상티에는 오솔길을 가리키며, '지나가는 길'이라는 뜻의 파사주는 건물과 건물 사이의 통로를 말한다.

불바르나 아브뉴 같은 큰길을 걸을 때 신호등, 자동차, 상점, 표지판, 휴지통 등 도시를 구성하는 요소들을 조화롭게 조망할 수 있는 즐거움이 있다면, 대로와 대로를 잇는 길인 뤼나 상티에를 걸을 때에는 동네와 얽혀 지어진 길 이름들을 보고 거기에 숨은 이야기들을 찾아가는 설렘이 있다. 아무리 작은 골목이라 해도 파리의 모든 길에는 이름이 있다. 여기에 그곳의 풍경이 더해지면, 길을 걷는 사람은 이를 자신만의 공간으로 기억하게 된다.
그것은 어쩌면 파리라는 도시의 아담한 규모가 주는 선물

도시를 감싸고 있던 성벽(위) 자리에
불바르가 만들어졌다(아래).

일지도 모른다. 개발로 인해 짧은 시간 동안 팽창해 버린 도시라면 길에도 합리적인 규칙을 찾아 이름을 붙여야 했을 테고, 운송 수단을 이용해 길을 지나는 경우가 많을 것이므로 주변 건물과 풍경이 만드는 공간을 느리게 걸으며 감상할 기회가 상대적으로 적었을 것이다.

생미셸 주변의 강둑을 걸을 때면 나는 늘 낚시하는 고양이 거리Rue du Chat Qui Pêche를 지난다. 1540년에 생긴 이 길의 폭은 뤼 중에서는 가장 좁은 1.8미터이다. 길을 지나면 강가를 따라 초록색 상자 같은 노점 뚜껑을 열고 중고 책을 판매하는 아저씨들이 늘어서 있을 걸 알면서도, 나는 잠시 걸음을 멈추고 상상하곤 한다. '센 강이 보이는 이 좁은 길 끝으로 가면, 낚싯대를 들고 물고기가 잡히기를 기다리는 고양이 한 마리가 앉아 있지는 않을까' 하고. 이 외에도 양배추 다리 거리Rue du Pont aux Choux, 고집스런 걸음 거리Rue du Pas de la Mule, 나쁜 소년 거리Rue du Mauvais Garçons 등 교차로의 건물 모퉁이에 걸린 표지판을 보다 보면 흥미로운 이름들이 많다.

이러한 길 명칭은 파리를 둘러싼 기억의 산물이자, 오랜 시간에 걸친 행정적 시행착오의 산물이다. 파리 시청이 길의 명칭을 정하기 전, 파리 사람들은 주변의 교회, 기념비, 상점, 거주민, 길의 모양새 등 길을 구성하는 특징적인 요소를 따서 이름을 불렀다고 한다. 이후 17세기에 들어 광장과 새로 생긴 길에 이름을 붙이기 시작했으나, 한 개의 길에 여러 개의 이름이 중복되면서 혼란을 야기하자 파리는 무려 1세기에 걸쳐 하나의 이름을 선택하거나 새로운 이름을 부여하는 작업을 진행한다.

그 후 특정한 길이 시작되는 첫 건물과 마지막 건물에 철판을 달고 길의 공식 명칭을 표기했다. 이 과정에서 기존의 길 이름 중 외설적이거나 혐오스런 것들이 사라지게 되었고, 프랑스 대혁명을 거치면서 종교적이거나 왕권을 찬양하는 표현들이 사라졌다. 이와 동시에 번지수를 붙이기 시작했는데, 센 강과 평행하게 놓인 길들은 상류에서 하류 방향으로, 센 강과 수직인 길들은 중심에서 외곽 방향으로 숫자를 매겨 이를 건물 출입구 위에 표기했다.

이렇듯 길은 도시의 현 모습 외에도 그 '기억'을 엿볼 수 있는, 도시의 첫 번째 오브제objet이다. 소년 시절의 파리가 보고 싶어질 때면 나는 해 질 녘을 골라 에티엔느 미르셀 거리Rue Etienne Marcel에 간다. 메트로 에티엔느 마르셀 역 인근의 이 거리는 센 강의 북쪽인 우안右岸에서 가장 먼저 지어진 성벽의 안쪽에 위치해 있다. 대부분의 건물들이 전면부를 법규에 맞추어 보수해 외관상 완전한 중세 양식은 아니지만, 길과 마을의 분위기에서 그 시기를 느낄 수 있다.
어두운 코발트빛 하늘과 회색 지붕의 경계가 흐려질 무렵 에티엔느 마르셀 주변의 뒤수브 거리Rue Dussoubs와 생소뵈르 거리Rue Saint-Sauveur, 그르느타 거리Rue Greneta를 따라 걷는다. 건물 창문으로 새어 나오는 불빛들은 길을 따라 불규칙하게 켜 둔 조명이 되고, 때가 탄 베이지색 건물 외벽의 가로등이 함께 골목을 밝힌다.
조명을 받아 은은하게 반짝이는 바닥의 돌들을 밟으며 걷는 좁고 굽은 골목길. 머릿속에서 파리의 옛 장면들을 하나둘 불러내 본다.

이야기로
채운
_____ 도시의 여백

파리의 광장들은 리좀rhizome과 닮았다. '뿌리줄기'라는 뜻의
리좀은 프랑스의 철학자 질 들뢰즈와 정신분석학사 펠릭스 가
타리가 쓴 책《천 개의 고원Mille Plateaux》에서 제시한 개념이다.
이는 하나의 굵은 중심 뿌리에서 중간 뿌리로, 중간 뿌리에서
다시 잔뿌리로 이어지는 정형화된 관계가 아니라, 옥수수나
보리의 수염뿌리처럼 하나의 중심 뿌리 없이 수염처럼 여러
갈래로 뻗은 관계를 말한다. 파리의 광장은 건물과 길 사이사
이에 흩어져 있고, 그래서 리좀이라는 표현을 떠올리게 한다.

고대 그리스 시대의 아고라agora, 로마 시대의 포룸forum, 중세
의 교회 앞 광장에 이르기까지, 서양 역사와 문화에서 사람들
은 이러한 광장을 통해 소통하고 교류해 왔다. 광장은 시민들
에게 사교와 축제의 공간이기도 했다. 시민들은 이 공간에서
휴식하거나 책을 읽고, 예술적 감흥을 얻거나 생각을 교류하

고, 나아가 사회를 바꾸어 갔다. 광장들은 도시가 지나온
이야기들을 간직하고 있는 셈이다.

봄이나 가을철의 퇴근길, 파리 시에서 운영하는 자전거 대
여 시스템인 벨리브Velib를 이용해 자전거로 콩코르드 광
장Place de la Concorde을 지나며 저녁노을을 바라볼 때면, 마
리 앙투아네트가 시누이 엘리자베스에게 남긴 마지막 편
지가 떠오르곤 한다.

"아가씨, 나는 방금 사형선고를 받았어요. 그것은 범죄자
의 치욕스런 죽음이 아니라, 하늘에 있는 당신의 오빠를
다시 만나러 가는 길입니다. 그이가 결백했고 마지막 순간
까지 의연했던 것처럼, 나 역시 흔들리지 않는 모습을 유
지할 수 있기를 바랍니다.
양심에 거리낄 것 없는 사람들이 그러하듯이, 나는 지금
평온합니다. 다만 지금 내게 가장 큰 아픔은 내 가엾은 아
이들을 두고 가야 한다는 점이에요. 내가 오직 아이들을
위해서 살아왔다는 것을 당신은 잘 알 겁니다. 오, 신이시
여! 내 불쌍한 아이들, 차마 아이들에게는 편지를 쓰지 못
하겠어요. (중략)
그동안 고마웠어요. 안녕. 내가 아는 모든 사람들에게, 특
히 나로 인해 고통받았던 모두에게 용서를 빕니다. 제발,

이 편지가 아가씨 손에 닿을 수 있었으면 좋겠군요. 내 온 마음으로 당신을 껴안습니다. 불쌍한 내 아이들도! 안녕, 안녕히."

형이 집행되던 날인 1793년 10월 16일 새벽 4시 30분, 앙투아네트는 콩시에르주리Conciergerie 감옥에서 마지막으로 이 편지를 남긴다. 그리고 오전 11시, 형장인 콩코르드 광장으로 나선 그녀는 흰 옷에 짧게 잘린 머리카락, 두 손은 뒤로 묶인 채였다.

앞서 처형된 루이 16세는 이동 시 사륜마차를 탈 권리를 인정받았던 반면 앙투아네트는 거름을 싣는 수레에 태워졌다. 하지만 그녀는 허리를 꼿꼿이 펴고 루브르 박물관 Musée du Louvre에서 콩코르드 광장에 이르는 생토노레 거리Rue Saint-Honoré를 따라 형장으로 향했다.

이를 지켜보기 위해 모여든 군중은 "저기 오스트리아 여자가 지나간다!" 하고 소리치며 조롱과 욕설을 퍼부었다. 때문에 앙투아네트가 처형대에 오르기까지는 무려 한 시간이 걸렸다. 그러나 광장을 가득 메운 시민들과 사형집행관들에게 둘러싸여서도 끝까지 의연한 자세를 보인 그녀는 오후 12시 15분, 38세 생일을 약 2주 앞두고 단두대에서 처형되었다.

이와 같이 '역사의 통로'이자 '시대의 거울'이라 할 수 있

콩코르드 광장으로 이어지는 횡단보도.
단두대는 사진 속의 가로지른 길쯤에 설치되어 있었다.
오늘날 이곳에서 신호가 바뀌기를 기다릴 때면
농업의 풍요와 대양의 항해를 기원하는 커다란 접시 모양 분수와
고대 이집트의 태양신을 상징하는 금빛 오벨리스크를 볼 수 있다.

는 광장은 그 명칭과 의의가 시대에 따라 달라져 왔다. 광장을 만든 것은 다름 아닌 한 시대를 살았던 사람들이기 때문이다.

콩코르드 광장 역시 그 이름이 여러 번 바뀌었다. 원래 이 광장은 프랑스 동부의 도시 메스Metz에서 병을 얻었던 루이 15세가 건강을 회복하자 이를 경축하는 의미로 만들어졌다. 파리 시는 공터로 있던 이곳에 루이 15세의 기마상을 설치하고 '루이 15세 광장'이라는 이름을 붙인다.

그러다 1789년에 프랑스 대혁명이 일어나자 민중들은 기마상을 녹여 없애고, 당시 그들이 즐겨 착용하던 붉은색 모자를 쓴 자유의 여신상을 세운다. 크고 작은 혁명과 혼란기를 거치며 봉건제도의 잔재를 없애 가던 그 시대에 사람들은 이 광장을 혁명 광장Place de la Révolution이라고 불렀다. 그러던 것이 1830년, 지난 역사의 아픔을 딛고 화합·일치·조화concorde로 나아가고자 이곳의 이름을 콩코르드 광장으로 바꾸게 된다.

오늘날에도 파리지엥들은 광장을 통해서 자신들의 목소리와 사회적 요구를 드러낸다. 프랑스 사람들에 의하면 이 나라에는 포도주와 치즈 외에도 유명한 것이 하나 있는데, 프랑스어로 마니페스타시옹manifestation, 시위, 행사, 표명이라 불리는 것이 바로 그것이다. 이는 '가슴속에 있는 생각이나 요구 사항 따위를 표출하다'라는 의미로, 줄여서 마니프manif라고 한다. 자신들의 밥그릇과 연관되어 있을 때는 파업으로도 연결된다.

마니프의 주제는 복지, 노동, 교육과 정치 등 놀랄 만큼 여러 분야에 걸쳐 있는데, 이러한 '사회적 움직임'에 광장은 매우 중요한 역할을 한다. 하나의 기치로 뭉친 사람들이 가두 행진을 통해 목소리를 내고 이때 광장은 그 시작과 끝이 되기 때문이다.

마니프가 계획되면 이를 조직한 단체는 시기와 장소를 홈페이지와 각종 매체를 통해 사람들에게 알리고 동참을 호소한다. 또한 경찰과 정부 당국에 허가 신고를 하여 집회 시간대에 빚어질 교통 혼잡을 예방하는 등 일반인들의 불편을 최소화한다.

2012년 말~2013년 초 프랑스에서는 프랑수아 올랑드François Hollande 대통령이 공약으로 제시했던 동성 간 결혼 허용 법안이 뜨거운 이슈로 떠올랐다. 합법회에 반대하는 진영이 마니프를 벌이면, 합법화를 환영하는 진영의 마니프가 번갈아 이어졌다. 특히 동성애자들의 결혼 자체는 물론 동성애자 부부의 자녀 입양 문제를 둘러싸고 큰 갈등이 빚어졌다.

동성 간 결혼을 반대하는 진영은 '우리 모두 아빠와 엄마 사이에서 태어났다', '아빠 하나, 엄마 하나. 아이에게 이보다 나은 것은 없다' 등의 슬로건과 함께 파리의 주요 광장인 이탈리아 광장Place d'Italie, 당페르로셰로 광장Place Denfert-Rochereau 등을 차례로 지나 에펠탑 앞 샹드마르스Champ-de-Mars로 행진했다. 그러자 2주 후, 합법화에 찬성하는 진영은 '모두에게 평등을', '망나니 아빠가 있느니 엄마 둘이 낫다' 등 웃지 못할 슬로건을 내걸고 당페르로셰로 광장에서 바스티유 광장으로 행진하기도 했다.

이렇듯 길과 길을 이어 주고 사회적 움직임을 돕는 대규모 광장이 있는 한편으로, 건물들에 '둘러싸임'으로써 형성된 작은 광장도 있다.

한 동네에서도 몇 개씩 찾아볼 수 있는 소규모 광장은 파리지엥들의 일상과

집회에 참여한 시민들.
동성 결혼 합법화는 2013년 4월 최종 가결되었고,
1개월 뒤인 2013년 5월 프랑스 내 첫 번째 동성 결혼식이 열렸다.

맞닿아 있어, 사람들은 휴식 시간이나 점심시간이면 이곳에서 여유롭게 머물곤 한다. 빽빽이 붙어 있는 건물에서 나와 도시의 이러한 여백에 앉아 책이나 신문을 읽고, 사람들을 구경하고, 삶의 의미를 생각하고, 친구들과 대화를 나눈다.

바스티유 광장에서 메트로 생폴Saint-Paul 역으로 이어진 생앙투안 거리Rue Saint-Antoine를 걷다 카롱 거리Rue Caron로 들어가 보면 우연히 만나는 마르셰 생카트린 광장Place du Marché-Sainte-Catherine이 그런 곳이다.

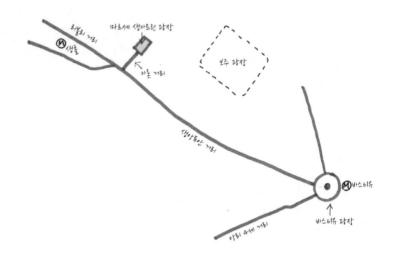

대로변에서는 눈에 띄지 않지만 골목을 따라 20미터 정도만 들어가면 기대하지 않았던 열린 공간을 만나게 된다. 광장 한쪽에 세워져 있는 녹슨 트럭과 붉은색 스쿠터는 이곳이 도시 속 여백임을 상기시킨다. 햇볕을 가리는 다양한 색의 차양, 테이블과 의자, 적당한 소음, 사람들의 대화 소리, 그리고 새들이 지저귀는 소리가 모여 도시의 소박한 광장을 만든다. 특별할 것 없는 건물들 또한 이 광장의 존재로 생기를 띤다.

광장은 공터와 다르다. 공터는 시간이 지나면서 무엇인가로 메워져 언젠가는 사라지는 것이지만, 광장은 비어 있는 그 자체로 존재하는 도시의 오브제이다. 또한 광장은 늦은 밤이면 문을 닫는 공원과 달리 언제나 열려 있어 길과 길을 이어 준다.

유럽의 도시들이 그러하듯이, 파리는 시내 어느 곳을 걷더라도 300~400미터 간격으로 크고 작은 광장을 만날 수 있다. 도시를 계획하는 단계에서부터 광장을 조성하고, 그곳을 축으로 삼아 길을 만들어 갔기 때문이다. 그래서 파리 사람들의 하루 혹은 한 주 일정에는 항상 광장이 포함되어 있다. 광장 없는 파리를 그들은 아마 상상할 수 없을 것이다.

생각해 보면 이 도시에서 샌드위치라는 음식이 여전히 잘 팔리는 건 광장 덕분일지도 모른다. 값비싼 음식이 아니라도 이처럼 꽤 좋은 공간에서 즐길 수 있으니 말이다.

절대왕정의
_____ 푸르른 상징

두둥, 두두두둥! 전기톱이 시끄럽게 돌아가는 소리가 건물 벽
에 부딪쳐 들려왔다. 내 방에서 발코니로 나가 문을 열고 내다
보니, 어제까지만 해도 정원 울타리 너머로 삐쭉삐쭉 자라 있
던 나뭇가지들이 잘려 바닥으로 떨어지고 있었다. 이미 정돈
된 울타리 주변은 이제 막 털이 깎여 어색해하는 양처럼 추워
보였다.
"으, 이런 프랑스인들!"
발코니를 공유해서 쓰는 탓에 이 광경을 함께 지켜보고 있던
옆방의 루마니아 친구가 말했다. 그러면서 그는 고개를 좌우
로 몇 번 흔들었다.

나는 정원으로 나가 잘린 나뭇가지 몇 개를 주워 왔다. 빈 페
트병의 입구를 잘라 낸 뒤 물을 붓고 나뭇가지를 꽂아 썰렁한
방 한쪽에 둔다. 그리고 정원과 그 의미에 대해 이런저런 생각

보르비콩트 성의 정원.

을 해 본다. '자연은 있는 그대로 두는 게 좋은 것인가?', '자연을 마당 안으로 옮겨 와 소유하는 것은 인간적이라 할 수 있는가?', '건물에 맞추어 자연을 변형시키는 것은 가혹한가?' 하고.

이 질문들에 대한 정답은 아마 없지 않을까. 예를 들면, 타고난 대로 둔 긴 생머리, 스트레이트파마를 해서 원래부터 생머리인 것처럼 보이는 긴 머리, 그리고 외모나 취향에 맞추어 자르고 다듬은 단발머리 중 어느 쪽이 가장 예쁜지 점수 매길 수 있는 사람은 없을 테니까.

비유하자면, 프랑스의 정원은 위의 세 가지 헤어스타일 중 개인적으로도 선호하는 단발머리에 해당한다. 그중에서도 꾸미지 않은 듯 자연스럽게 손질한 단발이 아니라, 원하는 형태를 적극적으로 만들어 낸 스타일이다. 그리고 이러한 양식의 정원은 17세기 프랑스의 재무 장관이던 니콜라 푸케Nicolas Fouquet와 그가 지은 보르비콩트 성Château de Vaux-le-Vicomte과 더불어 전성기를 맞이했다. 푸케는 프랑스에 전해 내려오는 '철가면 사나이' 이야기의 실제 인물로 짐작되기도 한다.

1653년, 푸케는 파리 근교의 퐁텐블로 성Château de Fontainebleau에서 약 25킬로미터 떨어진 곳에 위치한 낡은 성을 하나 구입한다. 이 성의 정원은 그가 원하는 대로 꾸미기에는 규모가 턱없이 작았기 때문에 그는 곧바로 성 주변의 땅을 사 모으기 시작한다. 그리고 프랑스 내에서 가장 아름다운 성과 정원을 만들고자 당대 최고의 예술가 세 사람을 부른다.

루이 14세의 전속 건축가 루이 르 보Louis Le Vau, 왕실 화가이자 실내장식가 샤를 르 브룅Charles Le Brun, 그리고 프랑스식 정원의 창시자라 일컫는 앙드레 르 노트르André Le Nôtre가 바로 그들이다. 여기에 토목 기술자 미셸 빌레도Michel Villedo가 참여한다. 조경을 담당한 르 노트르는 건축가 르 보에게 자신이 만들고자 하는 정원의 원칙과 통일성을 각별히 설득하는 등, 이들은 계획 단계부터 완성에 이르기까지 긴밀히 협업해 나갔다.

성을 중심에 두고 광대한 평면을 기하학적으로 구성하는 동시에 그들은 정원 내에 배를 띄울 수 있는 운하를 건설하기 위해 지형을 재구성한다. 강줄기를 돌려 운하에 쓸 물을 끌어오고, 마을과 숲, 포도밭을 밀어내면서 정원의 경계를 잡아 나간다.

5년에 걸친 작업 끝에 보르비콩트 성이 완공되었고, 푸케는 1661년 8월, 퐁텐블로 성에 묵고 있던 루이 14세와 600명의 귀족들을 동시에 초대한다. 왕을 맞이하는 융단처럼 깔린 잔디, 조각상, 곳곳에서 물을 쏘아 올리는 분수, 정원 내 운하에 떠 있는 배에서 연주되는 음악, 불꽃놀이……. 그리고 진귀한 황금 식기들에 음식을 담아 성대한 축하연을 열었다.

그러나 이런 화려함에 도리어 자존심이 크게 상한 루이 14세는 이 성에서 하루 묵기로 했던 일정을 취소하고 퐁텐블로 성으로 돌아가 버린다. 그로부터 얼마 지나지 않아, 루이 14세는 왕실 재산 횡령죄로 푸케에게 종신형을 내리고 철가면을 씌워 평생 자신의 얼굴을 볼 수 없도록 한다. 보르비콩트 성은 국고로 몰수되었고, 그곳을 지은 세 명의 예술가들을 데려온 루이 14세는 보르비콩트의 화려함을 훨씬 능가하는, 그 유명한 베르사유 성과 정원을 만들 것을 지시한다.

루이 14세를 초대했던 저녁처럼,
축제가 열리면 보르비콩트 성 주위로
촛불이 켜지고 정원 파티가 열린다.

스스로 태양의 신 아폴로가 되고자 했던 태양왕 루이 14세는 '자연'조차도 절대군주의 권위 앞에 복종해야 하는 신하 같은 존재로 여겼다. 따라서 자연 역시 균형 잡히고 통제된 하나의 예술품으로 만들도록 했다. 푸케의 보르비콩트 성에서 이미 고유한 프랑스 정원 양식의 초석을 세운 르 노트르는 루이 14세의 이러한 명을 받들어, 루이 13세의 사냥터였던 베르사유 숲을 화려한 바로크 양식의 성과 정원으로 바꾸어 놓는다.

조경의 역사를 살펴보면, 서양의 조경이 꽃을 피우기 시작한 것은 르네상스 시대 이후부터이다. 중세에는 정원이 교회나 수도원의 높은 담 안에 있어 세상과 격리되어 있었고, 사람들은 그곳에 있는 성원의 존재조차 알지 못했다. 그 후 15세기 중반~16세기에 이탈리아의 피렌체와 로마를 중심으로 한 르네상스 정원이 부유층 별장의 정원 형태로 발전하면서 서양 정원 양식은 체계를 형성해 나간다. 르네상스 정원은 이탈리아 토스카나의 풍경처럼 구릉 지형의 경사를 극복하는 과정에서 계단식 정원으로 발전했다. 또 그러한 계단을 이용해 폭포, 정자, 분수, 조각, 장식 등 르네상스 양식을 특징짓는 조형 요소들이 탄생했다.

그러나 프랑스에는 평지가 많아 이탈리아와 다르게 새로운 미적 특징이 필요했다. 르 노트르는 정원을 구성하면서 프랑스 지형에 적합하도록 평면적 배치의 완성도와 기하학적 아름다움을 강조했다. 여기에 '물'의 역할을 극대화하고, 정원과 건축물의 관계에 대한 법칙들을 체계적으로 만들어 나갔다. 그 결과 프랑스식 정원에는 다음과 같은 특징이 있다. 전망과 원근법을 중시하고, 건물 테라스에서 실외를 내려다볼 수 있도록 설계하여 정원을 '소유'한 듯한 느낌을 준다. 반대로 정원에서 바라볼 경우, 정원의 중심에 건축물이 들어와야 한다. 정원의 중심축에 배치한 분수와 조형물을 기준으로 시야는 좌우대칭으로 균형을 이루어야 하며, 나무들의 정렬을 통해 공간을 명확히 구분한다. 식생은 조형 작품이 돋보일 수 있도록 배치하고, 정원 밖으로는 나무숲을 조성해 공간감을 극대화한다.

르 노트르는 자로 잰 것처럼 반듯한 공간 구조, 좌우를 지휘하는 축, 그리고 대위법과 황금률에 따라 정원의 평면을 그려 냈다. 자연의 순리대로 물을 흘려보내지 않고 모양을 만들어 가두고 통제하며, 정원이 끝나는 위치에서 이 수면 위를 보면 성이나 저택이 또 한 번 반사되도록 의도했다.

프랑스식 정원은
평면상의 기하학적 균형을 통해 건물과 만나며
하나의 공간이 된다.

그는 베르사유의 정원 내에 꽃을 배제하기도 했는데, 철
따라 피고 지는 꽃이란 절대왕정의 무한한 권위를 상징하
는 그 정원에 어울리지 않는다고 생각해서였다. 정원에 만
들어진 기하학적 길과 공간 곳곳에서 루이 14세는 춤을
추고, 공연을 관람하며, 배를 띄우고, 귀족들을 초청해 파
티를 열어 절대왕정 문화를 완성해 갔다.
이처럼 프랑스의 정원은 17세기에 발달해 하나의 스타일
로 크게 자리 잡았고, 귀족들은 자신들의 연고지 혹은 마
음에 드는 땅에 성과 정원을 만들어 후대에 남기는 것을
가문의 전통이자 명예로 여겼다.

프랑스식 정원의 틀이 완성되면서 서구 조경계의 흐름은
이탈리아에서 프랑스로 넘어왔다. 프랑스의 정원 양식은
유럽 전역에 영향을 준 것은 물론, 먼 러시아의 도시 상트
페테르부르크St.Petersburg에 있는 정원들, 그중에서도 최고
의 걸작이라 평가되는 여름 궁전Petrodvorets에까지 영향을
미친다.

루이 14세의 명으로 르 노트르는 이탈리아의 명문가인 메
디치 가문의 여인이 거주했던 튈르리 정원Jardin des Tuileries
조차 이탈리아식에서 프랑스식으로 바꾼다. 정원은 멀리
내다본다는 면에서 곧 조망眺望인 셈인데, 그래서인지 튈

르리 정원은 마치 르 노트르가 미래를 향해 던진 공이 되어, 오늘날 파리에서 '역사의 축Axe historique'을 구성하고 있다.

역사의 축이란 루브르 박물관에서 프랑스 북쪽으로 이어지는 길을 일컫는 표현으로, 달리 말해 '시간의 띠'라고도 한다. 이는 루브르와 튈르리 정원의 축을 정비하고자 르 노트르가 왕과 귀족들의 옛 사냥터인 생제르맹앙레Saint-Germain-en-Laye 숲을 그 중심으로 잡으면서 생겨났다. 이후 프랑스는 도시계획을 할 때마다 이 축을 지키며 파리를 발전시켜 왔다. 그 중앙에 콩코르드 광장과 오벨리스크가 들어섰고, 나폴레옹이 개선문을 세웠으며, 프랑수아 미테랑François Mitterrand 대통령이 신개선문과 라 데팡스La

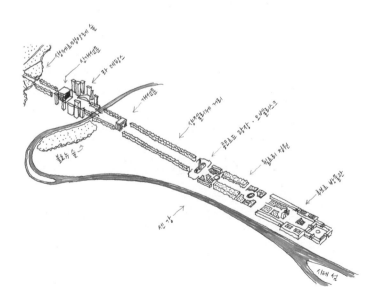

Défense를 조성해 긴 시간의 띠를 완성해 오고 있다.

이처럼 프랑스에서 정원은 단순히 건물을 위한 부수적인 대상으로 존재하지 않는다. 건축물을 설계할 때처럼, 정원을 만들 때에도 대지의 역사와 주변과의 관계를 분석하고 평면과 입면 설계를 거친다. 결국 정원을 건축물과 공존하는 동반자적 관계로 여기며, 공간예술의 소재로서 적극적으로 활용한다. 정원에 대한 프랑스의 이러한 태도는 여전히 현대의 건축과 디자인에 녹아들어 있다. 그리고 역시 난, 긴 생머리보다는 센스 있는 단발머리가 좋다.

도심에서
이어 가는
_____ 시장의 전통

파리의 중심, 마레^{Marais} 지구에는 붉은 아이들의 시장^{Marché des} Enfants Rouges이라 불리는 노천 시장이 있다.

사막의 오아시스처럼 도시 한가운데에 위치한 이 시장은 마치 다양한 문화가 섞여 있는 파리라는 도시를 축소해 놓은 모형 같다. 위치가 위치인 만큼 이곳을 찾는 사람들은 유행에 앞서 있고, 시장에는 장을 보는 곳과 음식을 먹을 수 있는 곳이 함께 있으며, 여러 나라의 식재료를 구입할 수 있어 이국적인 분위 기를 띤다. 도심이라 다른 곳에 비해 가격은 다소 비싸지만 품 질은 최상이며, 언제나 신선한 채소와 고기, 생선, 포도주, 꽃 등을 구입할 수 있다.

'붉은 아이들의 시장'이라는 인상적인 이름만 보면 이곳의 기 원이 적십자나 공산주의와 관련 있다고 생각할지도 모른다. 하지만 파리에서 가장 오래된 이 시장의 컬러풀한 이름에는 매우 아름다운 사연이 깃들어 있다.

1536년, 프랑스 국왕 프랑수아 1세의 동생은 시테 섬에 위치한 병원에서 부모를 잃고 오갈 곳이 없어진 아이들을 위해 마레 지구에 보육원을 만들었다. 이곳에서는 아이들에게 크리스트교의 자비를 상징하는 붉은색 옷을 입혔다. 과거에 병원은 '신의 집Hôtel-Dieu'이라고 불렸는데, 그래서 동네 사람들은 이 보육원의 아이들을 '신의 아이들'이라 불렀다고 한다.

1772년에 보육원은 문을 닫지만, 동네 구석구석이 아이들의 붉은색으로 생기 있게 물들었던 추억을 떠올려 사람들은 그 자리에 새로 생긴 시장을 '붉은 아이들의 시장'이라고 불렀다. 그 후 1912년에 파리 시에서 이곳을 사들였고, 1982년에 문화재로 등록되었으며, 2000년에는 시장 위로 지붕을 얹어 지금의 모습을 갖추었다.

일요일 늦은 아침, 사람들은 이곳으로 나와 브런치를 먹으며 시간을 보낸다. 햇볕이 벽에 선명한 그림자를 그리고, 건물 외벽을 따라 늘어선 테이블 위로는 따스한 조명이 골고루 퍼진다. 건물 사이로 내리쬐는 햇살을 받으며, 사람들은 테이블 중앙에 꽃처럼 활짝 피어오른 파라솔 아래에서 느긋하게 식사를 하고 있다.

이들 사이에 섞여 있던 나도 음식 진열대 앞으로 가 서성인다. 레바논, 모로코, 일본 등 세계 각국의 음식 앞에서 잠시 머뭇거리다, 모로코 음식을 판매하는 쪽에 가서 주문을 한 뒤 햇빛이 따사롭게 내리는 곳에 자리를 잡는다. 잠시 후 나온 황금빛 빵을 잘라 한 조각 입에 넣는다. 설탕이 듬뿍 든 민트 차까지 한 잔하니, 마음은 어느새 지중해를 건너 모로코의 어느 전통 시장에 가 있다.

신기하게도 파리를 비롯한 프랑스의 모든 도시에는 전통 시장, 즉 마르셰marché가 남아 있다. 미야자키 하야오 감독의 애니메이션 〈센과 치히로의 행방불명〉에서 한낮에 텅 비어 있던 마을이 저녁이 되면 시장으로 변하는 것처럼, 파리에서는 주말 이른 아침이면 마을의 광장 한쪽이나 큰길의 가로수 아래, 혹은 시청 앞에 간이 기둥이 세워지고, 팔레트 위의 물감처럼 갖가지 색으로 테이블과 벽이 만들어진다. 해가 높이 떠오르고, 팔레트를 채우던 형형색색의 상품들이 다 팔려 없어질 때쯤, 언제 그랬냐는 듯 시장은 사라지고 도시는 일상의 모습으로 돌아간다.

사람들은 대개 프랑스를 항공, 자동차, 화학 기술 및 패션 산업이 발달한 나라로 알고 있지만, 실제 살림살이 규모로 보자면 프랑스는 유럽 최대의 농업국이기도 하다. 또 서쪽으로 대서양, 남쪽으로 지중해, 북쪽으로는 북해와 접해 있어 다양하고 풍부한 수산물이 파리를 비롯한 여러 도시와 마을에 모여든다.

프랑스인들은 자신의 거주지에서 걸어 다닐 수 있는 생활권을 카르티에quartier, 구역, 지구라고 부른다. 이는 '우리 동네'라는 의미를 담은 다정한 표현으로, 행정구역상의 번지 개념과 꼭 일치하지는 않는다. 파리지엥들은 자신이 속한 카르티에에 대한 애착이 꽤 큰데, 파리 어느 곳이나 이 카르티에를 중심으로 시장이 열린다. 부유층이 사는 동네, 서민적인 동네 모두 그 수준에 맞는 장이 서고 가격대와 분위기가 형성된다.

일요일이 되면 사람들은 장바구니를 들고 동네 시장으로 나들이를 간다. 나 또한 주말 아침이면 커다란 바퀴가 달린 가방을 끌고 르발루아Levallois 시청 옆의 시장으로 향하곤 했다. 평소 자주 마주치는 몇몇 사람들은 물론, 평일 출근길에 메트로에서 보던 사람들에게도 짧은 인사를 건넨다. 다들 벌써 반쯤 찬 장바구니를 들고 여기저기 줄을 서서 고기나 생선이 다듬어지기를 기다린다.

과일 가게 아저씨는 과일을 담아 저울에 재고, 팔려 나가서 이가 빠진 진열대에 빠른 동작으로 다시 과일을 채워 넣는다. 채소 가게 아저씨는 밭에서 막 뽑은 듯 싱싱한 상추 한 상자를 금세 들고 온다. 오늘 파는 생선은 다 살아

있다며, 헤엄치는 동작을 능청맞게 흉내 내는 생선 가게 아저씨의 모습에 사람들이 소리 내어 웃는다.

장을 보러 온 사람들 중에는 장바구니를 옆에 둔 채로 그 자리에서 신선한 해산물을 맛보는 사람들도 보인다. 막 깐 굴에 레몬즙을 짠 뒤 손가락으로 잡고, 뽀얗게 김 서린 잔에 든 시원한 화이트 와인과 함께 먹는 것이다.

대개 시장 주변에는 흥미로운 가게도 많은데, 가구나 카펫을 만드는 장인들처럼 음식과 식재료에도 장인 정신을 지키며 가게의 전통을 이어 나간다. 돼지고기를 가공해 판매하는 상점charcuterie, 올리브와 같이 절인 과일과 향신료 등을 판매하는 식료품점épicerie, 각 지방의 고급 치즈를 엄선해 판매하는 상점fromagerie, 제과점pâtisserie과 베이커리boulangerie 등은 자신들의 가게만이 낼 수 있는 맛에 자부심을 갖고 품질과 이미지를 엄격하게 관리해 오고 있다.

프랑스에서 시장이 여전히 사랑받는 이유는 무엇일까? 아마도 프랑스인들이 음식을 대하는 생각에서 답을 찾을 수 있을 것 같다. 이들은 '사람이나 물건의 장점이 돋보일 수 있도록 시각적으로 강조해 가치를 높이는 것mise en valeur'을 중요시한다. 기본적으로 '먹는 즐거움'이란 음식의 맛에서만 비롯되는 것이 아니라 눈으로 보는 재미, 즉 보기 좋게 놓고 꾸민 데에서도 온다는 생각이다.

고깃집을 예로 들자면, 붉은 줄무늬 제복에 넥타이를 매고 모자까지 쓴 종업원이 상품을 하나씩 설명하고 보는 앞에서 손질해 준다. 닭 한 마리라 해도 정성스레 다듬고(품질을 위해 그대로 두었던 닭의 머리를 이때 자른다), 양고기 소시지를 단 네 조각 팔더라도 예쁜 종이에 맛깔스럽게 포장해 준다. 과일 가게에서는 산딸기 한 줌도 작은 종이 상자에 담아 두고, 귤도 하나하나 종이로 포장해 가지런히 쌓아 올려서 판매하는 물건의 가치를 높인다.

그래서 경제적인 여유가 있거나 입맛이 까다로운 사람들일수록 모든 품목을 한 번에 구입할 수 있는 대형 마트보다는 고기, 생선, 야채, 과일, 향신료, 유제품 등 한 가지 품목만 전문적으로 판매하는 작은 가게를 찾는다. 가격은 조금 더 비싸고 불편하더라도, 이러한 상점들은 대형 마트에서 접하기 힘든 맞춤형 서비스에 품질과 자부심까지 더해 상품을 내놓기 때문이다.

식재료나 음식을 판매하는 방식과 분위기도 한몫한다. 작은 상점들은 소라와 새우를 손님 앞에서 직접 삶기도 하고, 집에서 만들어 온 파이를 데워서 판매하기도 한다. 신선한 재료를 맛깔스럽게 진열하고 눈앞에서 요리해 주며 자신들의 장인 정신을 지켜 가는 것이다.

최근 대기업들이 식료품점grocery과 레스토랑restaurant을 결합한 형태의 매장Grocerant을 선보이고 있다. 생각해 보면 프랑스의 시장과 인근의 작은 가게들이 바로 그로서란트의 어머니가 아닐까?

역시 어느 나라든, 그곳 사람들이 나아가야 할 방향은 그들의 일상 속에 있는지도 모른다.

인공 해변이
_____ 펼쳐지는 곳

'강'은 건전지를 갈거나 태엽을 감아 주지 않아도 끊임없이 돌아가는 시곗바늘과 같다. 센 강은 프랑스 중동부 부르고뉴 지방의 랑그르 고원에서 출발해 400킬로미터 가량을 지나 파리에 도착한 다음, 도시를 남북으로 가르며 37개의 다리 밑을 지난다. 그리고 다음 날 같은 시간쯤이면 북부의 루앙을 거쳐 노르망디 지방의 르 아브르 항구를 빠져나가, 영국과 마주한 영불 해협에 도착할 것이다.

각 계절과 다양한 축제들이 눈금으로 표시된 시계를 상상해 본다. 이 글을 쓰고 있는 7월의 여름, 센 강이라는 시곗바늘은 '파리의 도심 속 해변'인 파리 플라주Paris Plages, 파리 해변 앞을 지나고 있다.

별다른 계획 없이 시내를 거닐다가, 도시 한가운데의 해변에서 웃옷을 벗어던지고 모래 위에 드러누워 하늘을 본다. 일상

으로부터 일탈한 기분이 꽤 쾌감 있다. 이곳에 있는 모두가 나와 크게 다르지 않은 해방감을 느끼고 있을 것 같다.

파리 플라주가 열리는 곳은 시테 섬 건너편에 위치한 조르주 퐁피두 간선도로 Voie Georges Pompidou이다. 이 도로는 파리 중심과 외곽 순환도로를 빠르게 연결해 주기 위해 1960년대에 센 강 우안에 건설되었다. 이후 1995년부터는 매주 일요일에 자동차 통행을 금지하여 자전거 또는 인라인스케이트를 타거나 산책하는 사람들이 이곳을 찾는데, 매년 7월 20일부터 8월 20일까지는 이 도로 위로 모래 6,000톤이 동원되어 인공 해변으로 변신한다. 2002년부터 시작된 이 축제는 해를 거듭할수록 사람들 사이에서 가장 '파리다운' 여름 행사로 자리 잡고 있다.

이 축제는 크게 두 가지 발상에서 시작되었다. 첫째는, 경제적 · 시간적 여유가 없어 휴가를 떠나지 못하는 사람들, 또 휴가를 미리 다녀와 여름 휴가철에 썰렁한 사무실에 남아 있어야 하는 사람들과 휴양지에서의 즐거움을 나누자는 생각이다. 일찍이 1936년부터 유급휴가제를 도입했을 만큼, 프랑스인들에게 여름휴가는 상당히 중요하다. 1년 중 30일은 '비우다'라는 의미의 바캉스 vacances를 통해 태양이 주는 비타민 D의 축복을 온 국민이 공유해야 한다는 연대 의식 같은 것이 존재한다.

둘째는, 도시의 랜드마크를 활용한 적극적인 지역 마케팅이다. 이는 이미 성공을 거두어, 파리 관광과 해변에서의 일광욕을 동시에 즐기려는 관광객들 사이에 명물이 되었다. 아침 일찍 박물관을 구경하고 점심 식사를 한 후에, 수건 한 장과 책을 챙겨 파리 플라주로 향하는 사람들을 볼 수 있다.

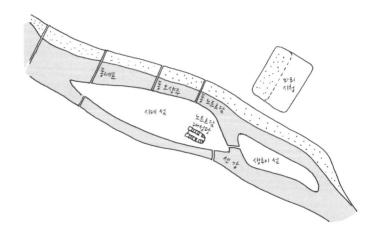

시테 섬과 파리 시청 사이의 강변에 누워 본다. 좌우로 두 개의 다리, 퐁 오샹 주Pont au Change와 퐁 노트르담Pont Notre-Dame이 센 강 위를 가로지르고, 해변을 따라 규칙적으로 놓인 커다란 화분에는 열대의 향기를 몰고 올 것만 같은 야자수들이 하늘로 뻗어 있다. 이렇게 편안히 누워 강변을 바라보니 근처의 주택도, 임무를 충실히 수행하던 관공서 건물들도, 오늘은 건물 안에 있던 사람들을 모두 휴가 보낸 듯하다. 막 어린이집에 아이를 맡기고 온 부모처럼, 한숨 돌리며 휴식하는 듯 느껴진다.

모래사장은 아침부터 내리쬔 태양에 달궈져 백색을 띠고, 밀려온 파도의 흰 포말이 모래 위에 자국을 남기듯 곡선을 그린다. 잔잔한 바람이 불어와 분수에서 떨어지는 물방울의 끝자락을 춤추게 만들고, 아이들은 온몸이 젖도록 그 주위를 뛰어다닌다. 상의를 벗어던진 두 젊은이가 기타와 탬버린을 연주하며 레게풍의 노래를 부르고, 해변을 걷던 사람들이 그 리듬에 맞추어 몸을 흔든다. 내 옆으로 나란히 놓인 선베드에는 커플로 보이는 남녀가 한가롭게 누워 햇살을 받고 있다.

이처럼 도심 속 여유를 만들어 주는 파리 플라주는 '지속 가능한 발전'을 테마로 하여 환경, 경제, 사회 모두에서 균형과 공생을 이루는 발전 모델을 찾는다. 먼저 파리 플라주에서는 '녹색 운송 수단'을 도입하여 해변을 이용하면서 발생하는 공해를 줄였다. 조르주 퐁피두 간선도로, 시청 앞 모래사장, 라 빌레트 La Villette의 저수조에 벨리브를 이용할 수 있는 곳을 늘려서, 사람들이 자전거 페달을 밟으며 다니도록 권장한다. 또한 재활용을 권하고 에너지 소비를 줄이는 일들을 실천한다.

한편 인공 해변을 만들기 위해 한 시멘트 회사가 공급한 모래는 행사 기간 동안 수십만 명의 발에 밟혔다가, 소독 후 도시 곳곳의 모래주머니로 재활용되거나 정원 또는 경마장 등에 공급된다. 해변 입구에서는 회수 가능한 컵을 무료로 나누어 주어 쓰레기를 최소화하고, 자동 급수 조절 장치 등을 통해 절약을 유도하며, 전력청과 협력해 해변 근처에 반사경 140개를 설치하여 에너지 소비량을 약 30퍼센트 줄였다.

이런 문화와 그 가치를 자라나는 아이들에게도 바르게 심어 주기 위해, 파리 플라주에서는 환경 정책 및 지속 가능한 발전에 대한 정책을 아이들이 놀이를 통해 쉽게 이해하도록 과학 교실을 운영한다. 또 평소 채소나 과일을 좋아하지 않는 아이들이 좋은 식습관을 갖는 데 도움을 주고자, 스무디를 마신 뒤 재

인공 해변을 조성하기 위해
모래를 운반하고 있다.

료를 알아맞히는 게임 등을 마련하기도 한다. 이러한 행사를 통해 온 가족이 자연을 공유하고 또 적극적으로 이용함으로써, 강을 사랑하는 마음이 자연히 자리 잡는다.

파리 플라주는 소비문화를 조장하는 것이 아니라, 최소한의 자원과 훌륭한 프로그램으로 사람들이 기쁨을 누릴 수 있도록 배려한다. 해변 내에서는 비싸지 않은 가격으로 식사를 하고 음료를 마실 수 있으며, 사람들은 독서를 하거나 혹은 선술집의 흥겨운 파티 같은 분위기에서 다양한 장르의 춤을 배운다. 저녁이면 미리 준비된 프로그램에 맞추어 클래식, 재즈, 뮤지컬 등 다양한 공연이 곳곳에서 열린다. 장소에 따라 프로그램도 차별화되어 있는데, 라 빌레트 저수조 근처의 루아르 강변Quai de la Loire에서는 탁구, 배구 등 가벼운 스포츠 외에도 인공 파도를 이용해 다양한 수상 스포츠를 즐길 수 있다.

파리 플라주가 열리는 기간에는 강이 흐르는 모든 곳이 해변으로 변한다. 행사 지역으로 지정된 장소가 아니어도 강가에 수건을 깔고 누워 책을 읽고 일광욕을 즐기면 어디든 자신만의 파리 플라주가 된다.
독서하는 사람들이 여기저기 눈에 띄어, 덩달아 뭔가를 읽고 싶은 마음이 생긴다. 파리 플라주 안에 열린 임시 도서

2013년 파리 플라주 포스터.

관을 찾는다. 프랑스의 출판사 플라마리옹Flammarion에서 자사의 신간도 광고
할 겸 무료로 운영하는 도서관으로, 신분증만 제시하면 얼마든지 책을 빌릴
수 있다. 알베르 카뮈의 《여름L'Été》 같은 책을 빌릴 생각으로 가 봤지만, 딱히
눈에 들어오는 것이 없어 할 수 없이 다른 책을 집어 온다.

30분 정도 읽고 있자니 졸음이 밀려온다. 눈을 감고 지중해의 하늘을 그린다.
한편으로 도시의 환경을 적극적으로 이용하고 사랑하는 이곳 사람들을 부러워
하며, 또 내 옆으로 흐르는 센 강에 고마워하며, 잠시 달콤한 낮잠을 청한다.

지하에서
만나는
_____ ## 또 다른 도시

덜컹거리는 파리의 지하철, 메트로Métro와 함께 하루를 시작하
고 있다. 차창 밖 플랫폼의 흰색 타일 벽 위로 드문드문 붙은
파란색 타일이 오페라Opéra 역에 도착했음을 알린다. 플랫폼에
지하철이 멈춰 서고, 눈앞의 스테인리스 손잡이를 오른쪽으로
힘차게 젖혀 문을 연다. 순간 고약한 치즈 냄새 같은 익숙한
냄새가 난다. 어딘가에 고인 물이 썩어서일까, 아니면 간밤에
이곳에 머문 노숙자들의 체취가 쌓여서일까. 지독한 냄새덩어
리는 지난 110여 년간 이곳에 쌓여 온 악취를 모두 모아 놓은
것 같다.

둥글게 뚫린 치즈 구멍 같은 통로를 오른쪽으로 세 차례, 왼쪽
으로 두 차례 꺾으며 통과하고, 약 55개의 계단을 밟고 내려
간다. 크레테유Créteil 방향의 연보라색 라인, 8호선이 들어온
다. 객차에 오르면 곧 창밖으로는 검은 어둠과 천장까지 뒤덮
은 흰색 타일 벽이 반복된다. 그렇게 아홉 개 정거장을 지나

메트로의 플랫폼 풍경.

도착한 르드뤼롤랭Ledru-Rollin 역. 30여 개의 계단을 올라 출구로 나가자 맑은 공기가 코끝에 닿는다. 출구의 끝은 회사가 있는 포부르 생앙투안 거리Rue du Faubourg Saint-Antoine 68번지로 나를 데려간다.

손잡이를 젖혀 문을 열어야 하는 지하철 차량과 낡은 시설에서 풍기는 반갑지 않은 냄새를 처음 경험한 사람들은, 파리에 지하철이 생긴 시기를 세계 최초 혹은 못해도 두세 번째는 될 거라 추측한다. 하지만 파리의 메트로는 20세기의 첫해에 들어서야 운행을 시작한 늦깎이 지하철이다. 런던은 1863년에 이미 튜브Tube를, 뉴욕은 1868년, 베를린은 1872년, 그 후 이스탄불, 시카고, 부다페스트 등의 도시가 차례로 지하철을 개통해 지상의 교통 체증을 해소하는 수단으로 활용하고 있었다.

프랑스는 이른 시기에 산업화가 진행된 나라임에도 불구하고, 지하철 개통에 왜 이리 늑장을 부린 것일까? 그것은 논쟁을 좋아하는 프랑스인들의 성격과 신중함 때문이다.

파리 메트로는 그 콘셉트를 잡는 데만 약 20년이 걸렸다. 먼저, 지하철地下鐵과 지상철地上鐵 중 어느 쪽으로 결정해 건설할지가 문제였다. 파리는 유난히 지하수가 풍부한 데다, 기존에 지어진 건물들은 하부가 서로 붙어 있는 구조이다. 따라서 안전을 확보하고 옛 건물들을 유지하기 위한 차원에서 지상의 도로 위에 다리를 만들어 지상철을 운행해야 한다는 측과, 세계에서 가장 아름다운 도시의 조망을 흉측한 철제 다리로 망가뜨릴 수 없다는 측이 팽팽히 맞섰다. 양 진영은 각기 원하는 방향으로 프로젝트를 구체화하며 열띤 토론을 벌였고, 우여곡절 끝에 파리 시는 1897년, 메트로 운영 방식을 '지하철'로 확정 짓는다.

지상철의 설계안대로라면 시공 기간을 단축하고 예산도 절감할 수 있었다. 그러나 거리에서 푸른 하늘과 건물 대신 손님을 가득 태운 쇳덩어리를 보게 된다는 것은 아무래도 파리지엥들을 설득하기 어려웠던 것이다.

지하철이라는 콘셉트가 결정되자 다양한 계획안이 나왔는데, 그중에는 오고 가는 각 열차를 같은 높이에 두 줄로 놓는 게 아닌 위아래의 한 줄로 포개거나, 6미터 높이의 다리 위에 네 개의 선로를 나란히 위치시키자는 유별난 제안들도 있었다.

이랬든 1900년 파리 만국 박람회 때까지 완공하는 것을 목표로 하여 남은 시간은 단 3년. 오늘날 '파리 메트로의 아버지'라 불리는 엔지니어 풀장스 비앙브뉴Fulgence Bienvenüe는 2,000명이 넘는 토목 기술자와 일꾼들을 고용해 밤낮으로 서둘러야 했다. 우선, 오래된 건물들의 기초를 건드리지 않기 위해 정밀 조사를 시작했다. 당시 중장비가 발달하지 않았던 탓에 일꾼들은 곡괭이와 삽을 들고 돌다리도 두드려 건너는 심정으로 한 발짝 한 발짝 움직이며 땅을 파 내려갔다. 지하 내에서 연결하기 어려운 일부 구간들은 아예 지상부터 흙을 퍼내고 파 내려갔다. 그리고 지하 벽이 무너지지 않게 보강한 후 천장을 철골 구조와 함께 모자 씌우듯 덮고 지상의 도로를 새로 만들었다.

한편 '지하 공간에서의 삶'이라는 개념을 어떻게 해석할 것인지는 메트로 건설사가 풀어야 할 숙제였다. 빛이 없는 땅속 세계에 사람들이 발을 들이고 싶도록 만드는 것은 메트로의 상업성과도 밀접한 관련이 있었다.

이 문제를 풀기 위해 건설사는 프랑스 아르 누보Art Nouveau, 새로운 예술의 기수, 헥

개통 5년 후 6호선과 2호선 등에
지상철 구간을 만들게 되어
결국 파리 메트로는 지상·지하 복합형이 된다.

터 기마르Hector Guimard를 영입한다. 여러 개의 터널이 서로 연결되며 파리 메트로의 뼈대가 완성될 무렵, 기마르는 발달된 주철 기술을 이용해 나비와 잠자리, 식물 등을 모티프로 한 메트로 출구를 디자인했다. 그에게 이 출구는 지상 세계와 지하 세계를 연결하는 '문'이었고, 그의 디자인은 파리지엥들에게 많은 사랑을 받았다. 100년이 지난 지금도 그중 절반 이상이 남아 있어 파리 메트로의 정체성을 시각적으로 드러낼 뿐 아니라 도시의 오브제가 되어 사람들의 눈을 즐겁게 한다.

이처럼 기술과 디자인이 민난 파리 메트로는 개통 첫날인 1900년 7월 19일에 3만 장이 넘는 승차권이 판매되었고 5개월 만에 1,600만 장 이상이 팔려 나가는 대성공을 거두었다.

그런데 파리의 메트로가 모두 옛 방식을 따르는 것은 아니다. 특히 1998년 프랑스 월드컵에 맞추어 개통된 14호선은 완전 자동화 프로그램을 구축하여 무인 전철 시대를 열었다. 초기 메트로가 그랬던 것처럼 오랜 시간을 두고 설계를 고민해 온 파리지하철공사RATP가 1960년대부터 '지하에서의 이동', '지하에서의 삶'에 대해 꾸준히 연구한 내용을 차곡차곡 쌓은 결과이다.

14호선은 이러한 기술적 혁신 외에 건축에도 새로운 개념을 시도했다. 지하의 메트로가 지상의 기차와 다른 점이 있다면, 무엇보다 지하 공간의 특성상 위치와 방향을 표지판에만 의존해야 한다는 점이다. 기본적으로 답답하고 불안이 상주한다.

그래서 14호선 각 역사驛舍의 핵심적인 디자인 콘셉트는 시각적 투명성을 확보하는 것이었다. 천장을 높여, 전철이 오가는 방향을 승객들이 미리 확인하고 목적지를 인지한 후에 플랫폼에 내려가게 함으로써 지상의 기차와 같은 느낌을 주었다.

지하에서의 직관성이라는 이 콘셉트는 메트로의 다른 라인에서 14호선으로 환승할 때에도 느낄 수 있다. 14호선에 해당하는 구역으로 접어들면, 천장으로 냉난방 및 환기 등을 위한 설비인 공조 시설에 조명이 결합된 장치가 보인다. 역사 내부를 하나의 끈처럼 모두 연결하고 있는 그

기마르가 주철을 이용해 디자인한 아르 누보 양식의 메트로 출구.
식물 줄기를 본떠서 만들었다.

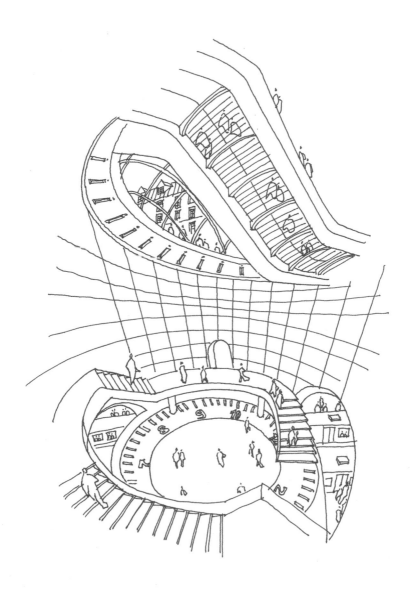

메트로 14호선의 생라자르(Saint-Lazare) 역 출구.
지상의 빛이 지하까지 들어, 지하철을 타고 내리는 사람들을 한눈에 볼 수 있다.

조명을 따라가면 어느새 플랫폼에 도착할 수 있다.

벌써 10년이 다 되어 가는 일이지만, 학부 시절 '메트로 15호선의 정체성'이라는 주제로 파리지하철공사와 연계된 졸업 작품을 진행한 적이 있다. 15호선의 신설을 계획하며 가상의 지하철 부지 다섯 곳이 지정되고, 학생들이 그곳을 방문해 지역성과 입지 조건 등을 조사한 후 기존 메트로와의 연결 부분까지 고려해 설계안을 구상하는 프로젝트였다.

많은 학생들이 창의적인 아이디어를 내놓았고, 당시 선정된 연구 작품들은 졸업 심사가 끝난 뒤에도 파리지하철공사에서 프레젠테이션과 논의를 거치며 파리 메트로 연구록에 수록되었다. 30년 후에나 시행될 일이지만 그 시설을 실제로 이용할 미래 세대에게 주제를 던지고 자료를 취합하는 그들의 태도가 부러웠다.

미래를 위한 이런 사업 외에도 파리지하철공사는 '현대화'라는 구호하에 가장 먼저 개통된 1호선부터 차량과 역내 시설을 점차 개선하고 있다. 외관은 주로 옛것을 복원하거나 유지하되, 안전성과 기술력은 개선한다. 가장 오래된 것부터 차례로 바꾸어 나가는 이 방식의 영향으로 메트로에는 낡은 것과 새것, 불편함과 편리함이 공존한다.

파리의 메트로를 보면서 나는 가끔 서울의 지하철을 생각한다. 반짝반짝 빛나는 새 재료로 지은 깔끔한 지하철역과 넓고 편리한 객차를 볼 때, 메트로에 비해 서울의 지하철이 더 낫다는 건 두말할 필요가 없다. 그러나 서울의 지하철에서 청결함과 편리함을 빼면 어떤 이미지가 남을까? 적어도 나는 별다르게 떠오르는 것이 없다.

그 이유는 아마도 지하철이 서울이라는 도시와 어떻게 어울릴 것인지, 우리가 살고 있는 시대와 미래를 어떻게 담아낼 것인지 충분히 생각하는 과정을 건너뛰어 버렸기 때문 아닐까. 단지 아침저녁으로 직장과 집을 연결해 주는 교통 수단이 아니라 후대에 물려줄 문화유산으로서 그 정체성을 고민했다면, 지금의 모습과는 많이 달라지지 않았을까? 선배 세대의 생각과 아름다움에 대한 가치, 장소의 정체성을 담아낸 서울의 오브제를 만들기 위해 논의하고 고민하는 시간이 필요하지 않았나 생각해 본다.

메트로의 흰색 벽에 대하여

초기 메트로의 역사 내부는 벽면이 노란 크림색 타일이었다. 이후 광택이 있는 흰색 세라믹 타일로 차츰 바뀌어 현재는 거의 모든 역이 그러하다. 여기에는 두 가지 이유가 있다. 과거 메트로 개통 당시 역사 내부는 사물을 겨우 분간할 정도로 어두웠다고 한다. 따라서 빛을 반사하는 밝은색의 세라믹 타일이 조도 확보에 도움이 되었다. 또한 당시는 질병에 대한 공포에서 자유롭지 못했기에, 손쉽게 청소할 수 있는 세라믹 재질이 전염병 예방에 유용했다. 오늘날 이러한 문제들은 모두 사라졌지만, 역사적인 의미로 기존과 똑같은 타일을 생산해 벽면 보수나 출구 디자인에 여전히 사용하고 있다.

고요한
_____ **사색의 공원**

사람들은 그 도시에서 살다 간 이들을 곁에 둔다. 영원히 기억
하고 싶은 그의 모습과 아름답던 순간들을 조각하고 묘비에
새겨, 새소리가 들리는 일요일 아침이면 가벼운 마음으로 그
를 만나러 간다. 그래서 공동묘지는 '기억의 조각 공원'이다.
그저 세상을 떠난 이에게 인사하러 가는 곳이 아니라, 그를 기
억하러 가는 곳이다.

프랑스에 온 지 얼마 안 되어 한창 언어를 공부하던 때, 나는
한 프랑스인 친구에게 샹송 가수 중 누구를 특별히 좋아하는
지 물어보았다. 다음 날 그가 직접 구운 CD 한 장을 건네주었
고, 나는 잠들기 전 침대에 누워 CD 플레이어를 켰다.
저음의 부드러운 남자 목소리가 흘러나왔다. 상대에게 아주
덤덤히 말하듯 음의 높낮이 변화가 적은 그 노래는 신기하게
도 나의 마음을 잡아끌었다.

〈Je suis venu te dire que je m'en vais^{나 지금 떠난다고 네게 말하러 왔어}〉.

이 노래 속 주인공은 아마도 단추를 두 개쯤 풀어헤친 흰 와이셔츠에 담배 냄새가 깊게 밴 검은 재킷을 입고, 며칠째 면도도 하지 않은 얼굴로 한 여인을 찾아갔을 듯하다.

"나 지금 떠난다고 네게 말하러 왔어. 네 눈물은 아무것도 바꾸지 못할 거야. 베를렌^{Verlaine, 프랑스의 시인}이 말한 것처럼 '나쁜 바람'이 지나간 거라 생각해."

이윽고 여인이 흐느끼는 소리가 들린다. 어쩔 수 없음을 직감한 듯 말없이 울기만 한다.

알프스 산자락에 채 녹지 않은 흰 눈을 바라보며, 니는 이어폰을 귀에 꽂고 이 노래를 들으며 어학교 기숙사에서 스탕달 대학 캠퍼스까지 걷곤 했다. 이렇게 끈끈한 목소리를 가진 이는 과연 어떤 사람일까? 나는 세르주 갱스부르^{Serge Gainsbourg}라는 이름의 이 남자가 궁금해졌다. 어떤 인생을 살았기에 이런 곡을 쓰고 불렀을까.

그 전까지만 해도 나는 그를 과거 한국의 개고기 문화를 비난한 브리짓 바르도와 결혼했던 이력의 가수, 그리고 배우 및 가수로 활동 중인 샬롯 갱스부르의 아버지 정도로 알고 있었다. 이후부터는 잡지, 다큐멘터리 등에서 그의 인생을 다룰 때마다 관심 있게 보게 되었다. 미남형 외모, 손가락 사이에 늘 끼워져 있는 담배, 여인들 무리에 파묻혀 노래하는 모습, 파란만장했던 연애사, 그리고 자신의 곡을 오케스트라로 편성해 퍼포먼스를 하는 등 시대를 앞섰던 음악성은 그에게 호감을 갖기에 충분했다.

알프스 산 위의 눈이 다 녹고 새로이 흰 눈이 쌓여 갈 때쯤, 실내 건축 및 디자인 학교인 파리의 에콜 카몽도^{École Camondo}에 입학시험을 보러 갔다가 그 옆에 공동묘지가 있는 것을 보았다. 학교와 딱 붙어 있는 묘지의 풍경이 신기하게도 너무나 편안해 보였고, 파란 학교 건물이 매력적으로 보이기까지 했다. 우거진 연초록 나뭇잎 사이를 통과한 5월 아침의 불그스레한 햇살이 묘비석 위에 부드러운 무늬를 그리는 광경. 이것이 나와 몽파르나스^{Montparnasse} 공동묘지의 첫 만남이었다.

이후 그 학교에 입학하고 얼마 되지 않아, 어느 수업에서 몽파르나스를 산책하고 한 장의 그림으로 표현하라는 과제가 있었다. 일요일 늦은 오전, 학교를 오가며 곁에서 보기만 했던 그 묘지로 들어가 그곳에 묻혔다는 세르주 갱스부르를 만나러 갔다. 그 시간 도시 속 공동묘지는 어느 때보다 평화로웠다. 사색에 잠긴 얼굴로 느리게 걷는 사람들, 숲 속에 온 듯 묘지를 따라 늘어선 나무들을 보니 마치 다른 세상에 발을 들여놓은 것처럼 형언하기 어려운 느낌이었다.

입구에서 미리 위치를 확인하고 찾아간 갱스부르의 무덤은 살아생전 그의 활발한 모습처럼 웃고 있었다. 무덤가는 팬들이 장식해 놓은 물건들로 가득 둘러싸여 있었다. 젊은 시절 그의 활동 모습과 웃는 얼굴을 서툴게 그린 초상화, 직접 조각해 입에 담배를 물려 놓은 그의 흉상, 갱스부르의 곱슬머리를 의미하는 양배추, 여기저기 놓여 있는 메트로 승차권, 담배, 껌, 그에게 하고 싶은 말을 쓴 쪽지…… 이곳에 온 사람들의 주머니 속에서 나올 수 있는 것은 모두 나온 듯 보였다.

나도 뭐든 하나 올려놓고 싶었지만, 담배도 없었고 월 단위로 끊는 메트로 정액권을 사용하는 탓에 놓고 올 티켓 한 장 없었다. 대신 무덤 앞에 서서, 흑백 사진 속 웃고 있는 그의 얼굴을 보며 머릿속으로 〈Je suis venu te dire que je m'en vais〉를 한 번 재생했다.

파리의 녹지대 중 한 곳이기도 한 이러한 공동묘지는 도시의 허파가 되어 바쁜 일상에 신선한 공기를 공급해 준다. 집 옆에 있는 무덤이 도심의 쉼터 역할을 한다는 것이, 우리 문화의 시선으로 보자면 자연스러운 광경은 아니다. 파리 역시 처음부터 도시 내에 공동묘지를 만들려 한 것은 아니었다. 실제로 1824년에 생긴 몽파르나스 공동묘지는 원래 도시 속 묘지가 아니었는데, 당시 이 지역은 파리시 바깥이었기 때문이다. 현재 파리 내에 있는 다른 공동묘지들도 마찬가지였다. 나폴레옹 3세에 들어 파리 시의 경계를 지금과 같이 넓혀 도시 면적을 두 배로 키우는 과정에서 도시의 안쪽에 위치하게 된 것이다.

몽파르나스 공동묘지의 터는 쭉 농장이었다가, 17세기에 성 요한 수도회의 소유가 된 후 19세기 초 파리 시가 이곳을 공동묘지용 부지로 구입했다. 이런 식으로 파리 서쪽에 파시Passy 공동묘지, 북쪽에 몽마르트르Montmartre 공동묘지, 동쪽으로 페르라셰즈Père-Lachaise 공동묘지가 생겨났다. 몽파르나스 공동묘지의 정문은 메트로 라스파유Raspail 역과 에드가 퀴네Edgar Quinet 역을 연결하는 에드가 퀴네 거리Boulevard Edgar Quinet의 중간쯤에 있다. 초입에는 이곳에 잠든 유명인들의 묘 위치를 안내하는 표지판이 있고, 관광객들이 많이 찾아오는 곳이라 작은 지도도 나누어 준다.

위치상 이 공동묘지에는 화가, 조각가, 소설가 등 많은 예술가와 지식인들이 잠들어 있다. 19세기 말부터 20세기 초 파블로 피카소, 마르크 샤갈, 어니스트 헤밍웨이 등 많은 예술가들이 에드가 퀴네 근처의 카페에 모여 예술과

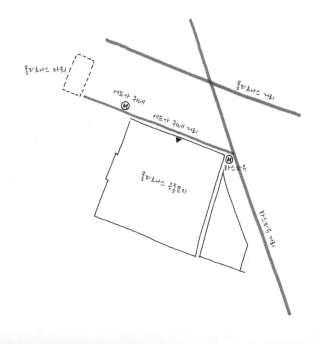

인생을 논하곤 했기 때문이다.

그래서 이 공동묘지는 그들에 대한 기억을 모아 놓은 곳
이다. 계약 결혼이라는 파격적인 방식을 택했던 철학자 장
폴 사르트르와 시몬 드 보부아르, 《목걸이》의 작가인 기
드 모파상, 《악의 꽃》을 쓴 샤를 보들레르, 《고도를 기다리
며》의 사무엘 베케트, 쇼팽의 여인이자 작가였던 조르주
상드, 《동물 사육제》를 작곡한 카미유 생상스, 프랑스 현
대 정치사에 길이 남을 '드레퓌스 사건'의 주인공 알프레
드 드레퓌스 등이 모두 이곳에 잠들어 있다.

프랑스의 공동묘지에서 공원 같은 편안함을 느낄 수 있는
이유는 아마도 묘비의 입체적인 구성이 야외 조각 공원
같은 인상을 주기 때문이 아닐까 한다. 고인의 업적과 바
람에 따라 묘와 묘비의 형태가 조금씩 다르다. 그래서 그
들의 무덤 사이를 걷고 있으면, 흡사 다양한 모양의 집들
이 늘어선 작은 마을을 산책하는 듯하다.

러시아의 무정부주의자인 타냐 라체프스카이아의 묘
옆에는 루마니아 출신 조각가 콘스탄틴 브랑쿠시의 작
품 〈르 베제Le Baiser〉가 있다. 또 프랑스의 조각가 세자르
발다치니의 묘는 생전에 그가 스스로를 그리스 신화 속
반인반우半人半牛의 괴물, 미노타우로스로 형상화해 직접
만든 청동상으로 꾸며져 있다.

사르트르와 보부아르의 묘비.
사람들이 놓아둔 꽃과 편지가 보인다.

예부터 몽파르나스에는 방앗간이 많았다.
공동묘지 안에 방앗간 하나를 그대로 두어
이곳이 방앗간 터였음을 알려 준다.
밀가루를 빻던 시골의 평온함이 여전히 남아 있다.

CESAR
1921 - SCULPTEUR - 1998
CESAR BALDACCINI

그 사이를 사람들은 말없이 사색하며 걷는다. 책 한 구절이든, 음악 한 소절이든, 이곳에 묻힌 이들이 남긴 다양한 작품을 통해 언제든 그들과 교감할 수 있기 때문이다.

묘지를 나설 때에는, 살면서 머릿속에 가득 차 있던 걱정, 욕심, 증오 같은 것들이 모두 허무하게 느껴진다. 대신 더욱 정열적으로 사랑하고, 삶에서 꼭 해보고 싶은 일을 찾아야겠다는 다짐 같은 것이 생긴다.

이러한 이유로 몽파르나스 묘지는 개인적으로 이 지역에서 특히 좋아하는 장

저녁이 되면 묘지 바깥으로 조명이 하나씩 켜지고,
이곳을 나선 사람들은 각자의 길을 향한다.

소이다. 먼 훗날 이런 곳에 잠든다면 무척 행복할 것 같다는 생각마저 해 본다.
도시가 눈을 뜰 때 나도 함께 기지개를 켜며 하루를 시작하고, 점심시간이 되
면 소화도 시킬 겸 산책 오는 사람들로 심심하지 않을 것이다. 그리고 저녁 6
시가 되면 묘지 입구에 달린 종이 울린다.
'이곳에 잠든 영혼들도 쉬어야 하니, 이제 나가 주실 시간입니다.'
특별한 날이 아니라도 가끔 누군가 산책하는 마음으로 찾아와 초콜릿 바 같은
것이라도 놓고 간다면 더없이 행복할 것 같다.

엄숙한
_____ **기억의 조각**

도시 곳곳의 '흔적'은 기억의 회로 기판이다. 그것은 도시 속에 떠다니는 기억의 입자를 모아 전설과 이야기를 만들고 도시의 기억을 유지시킨다.

그러한 흔적들은 예를 들면 불타고 남은 폐허의 모습으로 공원 한쪽에 남아 있다. 피부 위의 딱지나 흉터처럼 도시의 표면에 앉아 과거 그곳에 무엇인가가 존재했음을 말해 준다. 일상 속에 침묵하며 서 있는 그 형상들은 우리의 감성을 자극하는 특정 조건을 만나면 곧 깨어나, 기억의 회로 기판에 불을 켜고 시간을 거슬러 오르게 한다. 바스티유 광장의 어느 음식점 테라스에서 점심을 먹는 오늘처럼.

바스티유 광장 중심에 우뚝 선 7월 혁명 기념비Colonne de Juillet. 그 꼭대기에서 오른손에 횃불을, 왼손에는 끊어진 사슬을 든 황금색 자유의 천사Le Génie de la Liberté가 나시옹 광장Place de la

Nation 쪽 시가지를 바라보고 있다.

여러 갈래의 길에서 들어온 차들은 천사를 받치고 있는 이 기념비 주위를 돌아 다른 대로로 빠져나간다. 그 주변으로 지휘자 정명훈이 몸담았던 오페라 바스티유Opéra Bastille와 다양한 레스토랑이 보이고, 센 강을 향해 뻗은 아르스날 항구Port de l'Arsenal를 서성이는 갈매기들이 볕 좋은 점심시간을 함께한다.

볼에 닿는 시원한 공기를 느끼며 샐러드를 한 접시 가득 먹고 있으면 인생이 무척 여유롭게 느껴진다. 하지만 아이러니하게도 이렇게 행복한 순간을 만끽할 때면 광장 너머 앙리 4세 거리와 생앙투안 거리 사이에 있다가 사라진 바스티유 감옥의 모습을 머릿속에 그려 본다. 그리고 프랑스 대혁명 직전의 파리와 런던을 배경으로 운명에 맞선 사람들의 이야기를 다룬 찰스 디킨스Charles Dickens의 소설《두 도시 이야기A Tale of Two Cities》를 떠올린다.

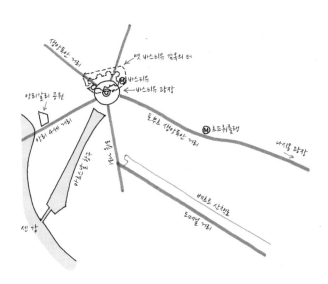

이 작품에서 그는 생앙투안 거리의 술집 앞에서 떨어져 깨진 술통을 둘러싸고 벌어지는 아수라장을 묘사했다. 바다의 포도주를 핥아먹을 만큼 육체적으로 허기져 있던 사람들, 또 거리를 피처럼 붉게 물들인 포도주는 곧 불어닥칠 혁명에 대한 예고였다.

실제로 지금 내가 앉아 있는 이곳 바스티유에서 유럽 봉건제도의 종말을 알리는 신호탄이 울렸다. 당시 프랑스는 미국 독립전쟁에 대한 무리한 지원과 방만한 국가 경영으로 심각한 재정 위기에 놓여 있었다. 제1신분인 가톨릭 고위 성직자와 제2신분인 귀족에 대한 과세를 통해 이 문제를 타개하고자, 1789년 5월 루이 16세는 성직자, 귀족, 평민의 세 신분으로 구성되는 의회인 삼부회를 소집했다.

그러나 성직자와 귀족이 제3신분인 평민에게 부당한 표결 방식을 고집하여 삼부회는 끝내 결렬되고, 평민들은 일명 '테니스 코트의 서약'을 발표하며 이에 저항한다. 루이 16세의 군대가 파리로 올라온다는 소문이 돌자, 시민들은 자치 위원회를 구성하여 행정을 접수하고 민병대를 조직한다. 총, 갑옷 등의 무기를 탈취한 시민들에게 다음 수순은 화약을 찾는 것이었다. 그리고 1789년 7월 14일, 화약 보관 장소이던 바스티유 감옥을 습격한다. 루이 16세는 군대를 철수하겠다는 약속을 하고, 파리로 들어와 혁명을 상징하는 3색의 모자 장식을 받고 항복을 인정했다.

바스티유 감옥은 원래 성 모양의 군사 요새였다. 영국과의 백년전쟁 시기, 파리를 방어할 목적으로 샤를 5세가 1370년 첫 돌을 올려 약 13년에 걸쳐 축조

되었다. 가로 66미터, 세로 34미터 길이에 높이 24미터의 건축물로, 건물 외곽을 따라 8개의 높은 탑이 있었다. 그러나 시간이 지나면서 이 군사 방어선이 의미가 없어지자, 루이 13세 때부터는 주로 정치범들을 수감하는 장소로 사용되었다.

이후 프랑스 대혁명으로 시민들은 이 건물을 허물어 봉건제도의 잔해를 프랑스 전역에 혁명의 기념품으로 보냈고, 남은 돌 대부분은 콩코르드 광장 옆으로 다리Pont de la Concorde를 만드는 데 사용한다. 과거 요새의 형상이 이제 시민들이 매일 밟고 지나는 조형물로 바뀐 것이다. 지난 혁명의 역사를 알려 주기 위해 마련된 파리 역사 박물관Musée Carnavalet의 경우 내부의 전시 모형이 실제 바스티유 감옥을 구성했던 돌을 사용해 제작되어 있기도 하다.

이렇게 바스티유 감옥은 사라졌고, 감옥이 있던 자리에는 그 외곽선을 따라 일반 바닥 돌과 다른 돌을 깔아 길 위에 흔적을 남겨 두었다.

바스티유 광장의 바닥을 보면
과거 감옥이 있던 자리를 알 수 있다.

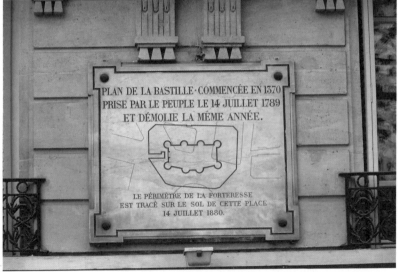

바스티유 광장 위 푸른 하늘을 바라보며
옛 요새의 모습을 그려 본다.

학창 시절 세계사 시간에 '바스티유 감옥 습격 사건'이라는 제목과 함께 프랑스 대혁명을 배운 기억이 있지만, 나는 그 감옥이 사라졌을 것이라고는 생각하지 못했다. 그래서 프랑스에 처음 여행 왔을 때 바스티유 광장에서 옛 감옥을 찾아본 적이 있다. 그때의 나처럼 광장 언저리에서 서성이는 관광객들을 종종 보곤 한다. 어쩌면 그들도 나처럼 세계사 시간에 졸았을지 모른다. 혹은, 바닥에 남은 흔적과 표지판을 보며 사라진 건축물과 대혁명의 순간을 상상하는 것일지도.

바스티유 감옥의 흔적을 보존하기 위한 파리 시의 노력은 여러 곳에서 찾아볼 수 있다. 1899년 메트로 1호선 공사 당시, 바스티유 건물을 구성하던 8개의 탑 중에 사드 후작이 갇혀 있었던 탑의 일부가 발견되었다. 그러자 파리 시는 이 잔해를 바스티유 광장 근처의 앙리갈리 공원Square Henri-Galli으로 옮겼고, 이는 오늘날 그곳을 지나는 사람들에게 역사의 증언자 역할을 한다. 메트로 5호선의 공사 현장에서도 지하에 묻혀 있던 성벽 외부가 드러나, 이를 그대로 보존한 채 지하철 플랫폼을 구성하기도 했다.

낭만주의자들은 폐허를 '숭고'라는 차원의 아름다움으로 보았다. 개인의 능력으로 어찌할 수 없는 거대한 힘으로 파괴된 어떤 흔적 앞에 설 때, 사람은 숙연해지면서 지나온 시간과 잃어버린 원형을 그리려 하는 내면 구조를 갖고 있다고 생각했다.

이를 반영하듯 18세기 말엽부터 성행한 유럽의 낭만주의 미술에는 폐허가 된 중세 양식의 건축물이 자주 재현된다. 실제로 이 무렵의 귀족들은 무너진 옛 건축물의 기둥 같은 것을 정원 한구석에 배치함으로써 장식품으로 활용했다고 한다.

이러한 역사의 흔적은 지금도 도시 군데군데에 남아, 사람들이 지난 시간을 떠올리게 한다. 흔적이란 깨끗이 허물고 재개발해야 하는 대상이 아니라, 그것이 갖고 있는 의미와 장소성을 위해 보존해야 할 문화유산이다. 그 잔해들을 통해 상상을 펼치고 잃어버린 기억의 조각들을 맞춤으로써, 시공을 뛰어넘는 공동의 기억과 도시의 정체성을 만들어가는 것이다.

점심 식사를 마치고 잠시 산책에 나선다. 광장 근처의 오페라 바스티유를 돌아 도메닐 거리Avenue Daumesnil 옆의 계단으로 올라간 뒤, 베르트 산책로Coulée Verte를 걷는다.

지상 7미터 높이에 마련된 이곳의 공중 산책로는 원래 바스티유와 파리 시 동쪽 외곽에 위치한 뱅센느Vincennes를 연결하는 기찻길이었다. 지금의 오페라 바스티유가 있는

앙리갈리 공원에 남아 있는 바스티유의 잔해.

곳이 당시의 종착역이다. 1969년에 기차 운행이 중단된 후, 선로를 받치던 아치형 기둥들 사이사이에는 예술가들의 공방과 상점이 들어서고, 그 위 선로에는 식물을 심어 4.5킬로미터 길이의 산책로가 조성되었다.

도시의 소음과 바쁜 풍경을 잠시 지우고 옛 기찻길을 거닐며, 이곳을 달리던 기차를 상상해 본다. 이 아름다운 흔적들과 함께 오늘의 점심을 기분 좋게 마무리한다.

지난 시간 파리라는 도시에서 일어난 일들은 '역사의 껍질'이 되어 궁전이나 교회, 기념비 등의 형태로 도시 속에 놓여 있다.
그것들을 보고 있으면 끊임없는 질문이 생겨난다. 과거와 미래 사이에서 오늘을 살고 있는 우리에 대해, 새롭게 만들어 가야 할 도시 공간에 대해.

2부

건축물, 기억의 상자

Architecture,
Boîte à mémoire

군사 요새의
화려한 변신

낮 동안 길을 인도하던 개가 어둠 속 늑대에게 자리를 내어 준
다는, 개와 늑대 사이의 시긴 l'heure entre chien et loup. 나는 팔레
루아얄Palais Royal과 루브르 박물관 사이에 자리 잡은 르 느무
르Le Nemours라는 이름의 카페에 앉아, 도시가 옷을 갈아입는
광경을 지켜본다. 구름 섞인 붉은 노을이 지평선 너머의 검푸
른 잉크를 서서히 빨아들이며 강렬히 빛나다가 이내 짙은 코
발트빛 하늘이 그 자리를 채운다. 도시의 경계는 어두운 하늘
속으로 사라져 가고, 하나둘 켜지는 노란 조명이 아스팔트와
회벽 위의 거친 질감을 깨운다.
이러한 광경을 지켜보는 날이면 나는 길지 않은 이 시간이 끝
나기 전에 서둘러 포도주값을 지불한 뒤, 팔레 루아얄 광장을
가로질러 루브르 박물관 앞으로 간다.

어디서 나오는지 모를 신비하고 잔잔한 불빛과 함께, 장식적

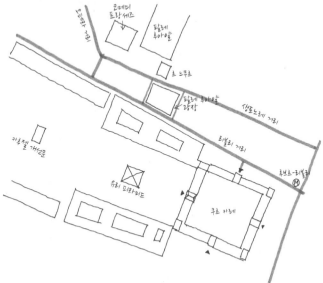

이면서도 절제된 사각형의 빈 공간이 보인다. 푸른 잉크빛 하늘 아래 금빛으로 물든 박물관 건물의 전면부는 보는 사람으로 하여금 마치 어떠한 공간을 경유하고 시간의 껍질을 건너, 르네상스 시대에 온 듯한 느낌을 준다.

돌과 유리로 형상화한 고급스러운 비례, 규칙적으로 낸 커다란 창문들. 기둥 장식 사이의 조각상들은 한낮에 흡수한 태양의 열기를 발산하듯 은은한 입체감을 띠고, 표면이 닳아 윤기가 흐르는 돌바닥은 창에서 새어 나온 조명을 받아 질감이 되살아난다. 나는 저 높은 창 안의 방과 굴뚝으로 연기를 내뿜으며 저녁 식사 준비가 한창인 주방을 상상하고, 복도의 샹들리에에 조명을 밝히는 사람, 이 건물의 외곽을 걷는 근위병들을 상상해 본다.

루브르의 역사는 쿠르 카레Cour Carrée라 불리는, 건물 앞 사각 공간에서 시작되었다. 현재는 박물관으로 사용되고 있지만 원래 루브르는 1190년 국왕 필립 오귀스트에 의해 지어진 군사 요새였다. 사각 공간이 바로 요새의 터인데, 중세 시대의 거의 모든 성이 그렇듯 그 한가운데에는 적의 침입을 감시하는 망루가 높이 솟아 있었다. 망루 하단의 기초 부분은 그것이 있던 땅 아래인 루브르 박물관에 남아 그 흔적을 보여 준다.

밤의 루브르.
분수대의 수면 위로 건물 외관이 은은하게 비친다.

그런데 성과 궁전은 어떻게 다를까? 원래 성이라는 것은 한 지역을 방어하기 위한 요새, 또는 영주의 거처를 말한다. 한편 궁전은 정치·경제적으로 권력을 가진 사람이 거주하는 곳을 가리킨다.

그러나 시간이 흐르면서, 대체로 파리 시 안에 위치하면 궁전, 파리 바깥에 있으면 성이라고 부르게 되었다. 이를테면 파리 안에 있으므로 루브르 궁전, 뤽상부르 궁전Palais du Luxembourg, 파리 밖에 있으므로 베르사유 성, 퐁텐블로 성, 보르비콩트 성이라고 한다. 우리말 표현으로는 '베르사유 궁전', '퐁텐블로 궁전'이라고 할 때가 많지만, 원칙적으로 프랑스에서는 두 경우 모두 '성château, 샤토'이라고 부른다.

요새의 흔적이 루브르 박물관에 남아 있다.

영주들이 다스리던 중세의 성은 수비 위주의 형태로 지어졌다. 이 시기에 성은 군사 요새로서의 성격이 강했기 때문이다. 적의 동태를 관찰할 수 있는 높은 탑이 중앙에 있어야 했고, 아래에서 공격해 오는 적과 효과적으로 맞설 수 있도록 고지대에 위치했다. 성벽은 견고하게 만들고 창은 작은 크기로 내어, 적의 화살을 피하는 동시에 공격할 수 있는 구조이다.

그러나 14세기경부터 군웅할거의 분쟁 지역이 적어지자 요새로서의 성은 의미가 약해진다. 게다가 15세기가 지나면서 국가권력이 강해지고 화약 등의 무기가 발달하면서, 종전의 성은 더 이상 방어막 구실을 하지 못했다. 역할을 잃어버린 두꺼운 외벽은 허물어져 예쁜 나무 울타리로 바뀌고, 적의 동태를 살피거나 피난처 역할을 했던 높은 탑이 사라진 뒤 밖을 조망할 수 있는 중정과 정원이 들어섰다. 폐쇄적이던 작은 창문은 자연을 즐길 수 있는 개방형 창문으로 바뀐다.

이렇게 요새는 점점 궁전 또는 귀족들의 저택과 같은 성격을 띠고, 미적 요소를 가미한 르네상스 양식으로 변화한다. 성의 개념에 '거주'의 의미가 강해지자 '삶'이라는 주제가 들어오면서 내부 장식도 시작된다. 나선형 계단, 벽난로 등이 갖추어지고, 안락한 침실과 거실이 있는 쾌적한 모습으로 건축되었다.

이제 특권층은 자신들의 부와 권력을 이러한 공간을 통해 드러낸다. 왕은 귀족들을 초대해 연회를 베풀거나 사냥철을 보낼 수 있는 성을 여러 채 소유하기 시작했다. 여기에는 아름다운 정원이 필요했으므로 새로운 성들은 산속이 아니라 강과 숲을 낀 평지에 세워졌으며 점점 호화로워진다. 성이 군사 요새에서 권력의 상징으로 바뀐 것이다.

중세의 루브르. 파리 시를 둘러싼 성곽의 중앙에 위치하여, 요새로서 중추적인 역할을 했다(위).
견고한 벽과 작은 창으로 이루어졌던 요새가 그림과 같은 모습으로 바뀐다(아래).

이곳 루브르 역시 중세의 군사 요새로 시작해, 1300년대 초 국왕 샤를 5세가 거주하면서부터 주거 공간의 성격을 띠게 된다. 그 무렵 다른 유럽 국가에 비해 일찍 통일 왕국을 이루었던 프랑스는 15세기 말~16세기에 이탈리아에 개입해 몇몇 도시국가를 지배한다. 루이 12세와 프랑수아 1세의 군대가 차례로 이탈리아를 침략했는데, 이때 원정군으로 참전한 귀족들이 이탈리아의 새로운 생활양식을 자국에 도입하면서 프랑스는 이탈리아 르네상스를 받아들이게 되었다.

1530년에 프랑수아 1세가 파리로 돌아오면서, 요새였던 루브르를 르네상스 양식의 궁전으로 바꾸는 작업을 시작한다. 또한 루브르 앞의 쿠르 카레 주변으로 생퇴스타셰 성당Église Saint-Eustache과 시청 청사를 지으면서 강력한 왕권의 기틀을 마련했다.

프랑수아 1세는 건축가 세바스티아노 세를리오Sebastiano Serlio, 레오나르도 다 빈치 등 이탈리아의 여러 예술가들을 프랑스에 초빙해 루아르Loire 지방의 성과 퐁텐블로 성을 지었다. 1538년에는 이탈리아 장악을 놓고 전쟁을 벌여왔던 독일의 황제 칼 5세와 화해하여 다음 해 그를 프랑스에 초대하는데, 국빈을 맞이할 새로운 양식의 궁전이 없음을 부끄럽게 여겨 루브르를 개축하게 했다.

착공 후 얼마 되지 않아 프랑수아 1세는 사망하지만, 그의

아들 앙리 2세가 아버지의 뜻을 이어 건축가 피에르 레스
코Pierre Lescot와 함께 루브르 궁전을 일부 철거하고 이탈리
아 르네상스 궁전 형식으로 전면부를 완성시킨다.

15세기 이탈리아에서는 피렌체를 중심으로 부를 축적한
상인들이 예술·철학 등에 교양을 쌓아 가며 고전 문화를
재발견하고자 했다. 명쾌한 수학적 비례 같은 고대 건축
의 규범을 창의적으로 해석하면서 르네상스는 시작되었
다. 그들은 고대 그리스의 피타고라스 학파가 그랬듯 세계
를 질서와 조화가 있는 우주로 이해했으며, 건축에서도 힘
의 균형과 조화에 의한 질서 있고 정적인 표현에 집중했
다. 꽃 장식 기둥이나 비틀린 기둥, 또는 회반죽 부조와 같
은 조각 작품 등, 벽의 구조와 장식을 합리적으로 결합하
여 입체감을 강조했다.

반면 프랑스는 이탈리아보다 르네상스의 시작이 40여 년
늦었던 데다, 과거 프랑스에서 발달했던 고딕 양식의 영향
으로 과도기를 거치기도 한다. 그러나 귀족 및 궁중 문화
를 중심으로 발전을 거듭하며 프랑스식 르네상스 스타일
을 형성해 간다. 한 예로 건축에 수평적 기법을 많이 사용
하는 이탈리아와 달리, 프랑스는 자신들의 몸에 밴 고딕
양식의 특징인 수직선을 이용해 웅장함을 강조하면서 고
유한 스타일을 만들었다.

프랑스식 르네상스 스타일을 볼 수 있는 루브르

이탈리아는 초기에 르네상스 양식으로 교회당을 많이 건축하다가 후기에 들어 궁전 건축에 눈을 돌리지만, 고딕 양식의 교회가 이미 발달해 있던 프랑스 땅에는 르네상스 양식이 설 자리가 많지 않았다. 그래서 종교 건축에는 거의 영향을 주지 못했고, 왕가를 중심으로 한 건축에 장식적인 역할을 하는 데 그치면서 널리 뿌리내리지 못했다. 그러나 루브르에서 볼 수 있듯 프랑스에서 르네상스 건축은 그 수가 많지 않더라도 모두 고급문화로 남아, 후대 서구 디자인에서 볼 수 있는 독특한 비례감에 큰 영향을 미쳐 왔다. 20세기 초반의 아르 데코Art Déco 스타일 등에 녹아들어, 유럽인들의 고급문화로 널리 존재하고 있는 것이다.

이후 프랑스의 궁전은 점점 화려해지고 회화, 조각, 조경 등과 결합한 종합예술로 발전한다. 여기에는 프랑스의 정치·사회적 배경과 새로운 궁전의 건립이 바탕이 되었다. 루브르 궁전에 거주하던 어린 나이의 루이 13세는 개신교도인 아버지 앙리 4세가 마차를 타고 가던 중 평소 가장 신임하던 측근에게 살해당하는 사건을 겪는다. 가톨릭을 강화한 그는 나랏일보다 사냥을 좋아하여 파리 외곽 남서쪽의 베르사유 숲으로 자주 출타했다. 시간이 흘러서는 결혼 23년 만에 하늘이 점지해 준 어린 아들 루이 14세와 함께 사냥을 다녔지만 곧 세상을 떠났고, 루이 14세는 다섯

살이 채 되기도 전에 왕좌에 오른다.

강해지기를 원했던 루이 14세는 성인이 되면서 지방에 남아 있던 봉건제도를 약화시키고 절대군주의 자리를 다지는데, 1662년 무렵 그 초석이 될 작업을 위해 아버지의 옛 사냥터를 택한다. 그리고 아버지가 사냥을 하던 숲은 끝이 보이지 않을 만큼 넓은 정원으로, 쉬어 가곤 했던 작은 건물은 절대왕정의 권위를 상징하는 바로크 양식의 궁전으로 화려하게 바꾸기 시작한다. 그 뒤 거처를 파리에서 베르사유 궁전으로 옮겨 화려한 궁전 문화를 만들어 낸 것이다. 프랑스 역사에 다시 오기 힘든 호화 문화는 그렇게 탄생했다.

Cathédrale

하늘로
쌓아 올린
———— 열망의 건축

한 사람의 생애를 다해 지어도 완성을 보기 힘들 정도로 긴 시간을 들여 지은 건축물 앞에 섰을 때, 그 감흥은 아름다움을 넘어 엄숙함과 경외심에 가깝다. 건축을 시작과 끝이 있는 하나의 예술 행위로 본다면, 몇 세기에 걸쳐 만들어진 그러한 작품은 요즘의 건축가들이 머리로 계산할 수 있는 시간 개념을 뛰어넘는 것이기 때문이다.

노트르담 대성당의 아름다움을 제대로 느끼기 위해서는, 성당 뒤쪽에 위치한 다리인 퐁 드 라르셰베셰Pont de l'Archevêché를 걸으면서 이 건축물의 뒷모습을 바라봐야 한다. 그곳에서 보는 대성당은 마치 시테 섬 뒷자락에 우아하게 앉아 있는 거대한 거미 한 마리 같다. 성당 벽면의 하중을 외부에서 지탱하고 있는 구조물이 거미의 다리가 되는 셈인데, 이렇게 대성당의 뒷모습을 보고 있을 때면 루이즈 부르주아Louise Bourgeois의 작품

노트르담 대성당의 정면(위)과 후면(아래).

이 머릿속에 떠오르곤 한다.

프랑스 출신의 조각가 부르주아에게 거미는 곧 어머니였다. 어린 시절 그녀는 늘 재봉틀을 끼고 살던 자신의 어머니가 끝없이 실을 감고 또 뽑아내는 모습에 영감을 얻어, 어머니를 상징하는 거대한 거미를 작품으로 표현해 세계 여러 곳의 미술관에 남겼다. 파리 노트르담 대성당은 원어로 '파리의 성모 마리아Notre-dame de Paris'라는 뜻이니, 그러한 의미와 건물의 생김새로 짐작할 때 왠지 부르주아의 작품들과 잘 맞아떨어지는 느낌이다. 파리 시민들을 향해 조용히 자리 잡고 있는 이 거대한 거미는, 이곳에 앉아 800년 가까이 도시의 중심을 지켜 왔다.

나는 건물 뒤쪽의 정원에 난 길을 따라 성당을 돌아, 빅토르 위고Victor Hugo의 소설 《노트르담의 꼽추Notre-Dame de Paris》에서 주인공 콰지모도가 살던 종탑 앞의 광장으로 접어든다. 성당으로 들어가는 세 개의 출입문 중 가운데에 있는 '최후의 심판 문'을 통과한다. 문의 정면 상부에는 천사와 지옥의 사자가 죄의 무게를 저울질한다. 덕행이 많은 사람은 왼쪽 천사의 편으로 가고, 악행이 많은 사람들은 밧줄에 묶인 채 지옥으로 끌려간다. 조각상을 보며 조금 무거워진 마음을 안고, 성당 안으로 들어선다.

깊은 공명을 그리는 그레고리오 성가가 울려 퍼지고 있다. 나는 성당 내부의 높은 천장으로 시선을 옮긴다. 맑은 목소리의 성가와 천장 상부로 들어온 빛이 마음을 한 번 더 차분히 가라앉힌다. 복도 곳곳에는 사람들의 소망을 담아 불을 밝힌 초들이 위로 솟아 있는 기둥을 밝혀 준다. 성가가 멈추고, 피부를 누르는 듯 웅장한 저음의 파이프 오르간 소리가 울려 퍼진다. 행렬이 들어오는

데 맨 앞에 선 목동이 쥐불놀이 깡통 같은 향 바구니를 좌
우로 흔들어 연기를 퍼뜨린다. 그 뒤로 긴 촛대를 든 복사
가 양옆에서 신부를 안내해 성당 중앙으로 들어온다. 이
윽고 목동에게 향을 넘겨받은 신부는 제단 곳곳에 연기를
흩뿌리고 미사를 시작한다.

세계의 유산으로 길이 남을 이 아름다운 고딕 양식의 성
당은 1160년 파리 교구장이던 모리스 드 쉴리Maurice de
Sully가 그 자리에 있던 성당을 부수도록 명하면서 루이 7
세의 재정 지원을 받아 지어지기 시작했다. 1162년에 교
황 알렉상드르 3세가 이곳에 주춧돌을 얹으며 공사가 시
작되어, 1163년부터 1351년까지 약 200년에 걸쳐 완성되
었다. 신도들은 성서의 교리와 열망을 담아 하늘을 향해
성당을 쌓아 올렸다. 더 오래 지속될 수 있는 건축양식을
탐구하고, '신은 빛'이라는 성서의 가르침을 따라 교회 안
으로 빛을 끌어들일 수 있는 건축을 시도했다.

서양 문화를 이해하려면 종교를 이해해야 한다는 말은 건
축 분야에서도 예외가 아니다. 고딕 양식의 건축 기법이
발달하기 전까지 종교 건축은 다양한 과정을 겪는다.
유일신 사상의 기독교는 황제 숭배 의식을 인정하지 않았
기 때문에 당시 정치적 전복을 꾀하는 세력으로 간주되

어 심한 박해를 받았다. 신도들은 지하 공동묘지인 카타콤 catacomb이나 주택 등에서 비밀리에 집회를 열어 왔다. 그러다 약 3세기가 지난 313년, 콘스탄티누스 대제의 밀라노 칙령에 의해 기독교가 공인되고 로마의 국교가 되면서 공공장소에서 집회를 여는 것이 가능해졌다.

이제 기독교인들의 과제는 교리와 의식을 따르는 새로운 건축 양식을 만들어 내는 것이 되었다. 그러나 없던 교회를 단시간에 짓기는 어려웠기 때문에, 우선 고대 로마에서 사람들을 모아 놓고 연단에 올라가 연설하던 공공 집회용 건축인 바실리카basilica의 내부를 벽화나 모자이크로 장식해서 사용했다.

11세기에 접어들자, 인구가 증가하고 도시가 발달하면서 종교에 대한 기독교인들의 열망도 함께 커졌다. 그들은 새로운 건축양식을 찾기 시작했다. 지형 조건과 땅값 등을 고려해 옛 집회 시설에서 중정을 없앤 뒤 규모를 키우고, 풍부한 장식과 함께 정면에 고탑을 올리는 로마네스크 양식을 발전시킨다. 그리고 화재에 취약한 교회당의 목조 천장을 아치 형태의 석조 천장으로 바꾸면서 교회 건축의 아름다움을 본격적으로 찾아간다.

이후 12~13세기에는 이러한 기독교 세력이 절정에 이르면서 종교와 철학, 예술이 기독교적 세계관을 바탕으로 집

대성된다. 눈에 보이는 현실 세계는 신이 만들어 낸 신성한 빛의 굴절이나 반사라고 생각했으며, 과학자들은 신이 우주를 어떻게 창조했는지, 또 세계가 신의 존재를 어떻게 나타내고 있는지에 대해서 연구했다.

당시 파리는 신학대학이 설립되고 유럽의 큰 중세도시로 발전해 경제적으로 안정되고 평화로운 시기였다. 또한 프랑스 북쪽의 노르망디 문화 및 남쪽의 부르고뉴 문화, 동쪽 신성로마제국의 로마네스크 문화에 둘러싸여 문화적으로 진공 상태에 있었기 때문에 고대나 로마네스크의 건축적 특성이 그리 강하지 않았고, 이는 새로운 양식을 탄생시키기에 좋은 조건이었다.

서울의 경기도권에 해당하는 파리의 주변 지역인 일드프랑스Île-de-France에서 고딕 문화가 시작되었다. 이 시대에는 농업과 수공업이 이미 분리되어 있어 물건을 사고팔아야 했으므로, 시장이 열리고 상인들이 모여 조밀한 취락을 이루면서 도시가 번성했다. 파리 땅 한가운데에 노트르담 대성당이 있다는 사실만으로, 고딕 건축은 본질적으로 '도시 건축'임을 알 수 있다. 또 이러한 도시 건축이 활발해지면서 세련된 교회 건축도 가능해졌을 것이다.

노트르담 대성당은 아주 오랜 시간 동안 복잡한 과정을 거치며 완성되었다. 기술과 공업이 발전하면서 건축양식

또한 발전해 갔는데, 노트르담 대성당은 약 200년에 걸쳐 지어진 만큼 고딕 양식이 중요하게 자리 잡고 있던 전 기간을 통과했다. 따라서 돌을 다루는 기술이나 구조에 대한 새로운 연구가 진행될 때마다 초기 설계안을 변경하면서 고딕 양식의 새로운 특징들을 재치 있게 받아들였다.

예를 들면, 13세기에 들어 건축가들은 앞서 언급했던 거미 다리처럼 생긴 아크부탕Arc-Boutant, 영어로는 플라잉 버트레스flying buttress라고 하여 건물 측벽을 외부에서 지탱해 주는 구조물을 고안했고, 이를 이용해 교회당 중앙 홀의 창문 길이를 연장해 더 높이 올릴 수 있었다. 노트르담 대성당은 고딕 양식의 이러한 측벽 기술을 최초로 적용한 교회 건축이다.

한편, 돌을 아치형으로 쌓아 올리는 이러한 구조에서는 상부의 꼭짓점에서 하부로 전달되는 하중을 어떻게 지탱하는가 하는 것이 가장 큰 문제였다. 하중을 견디기 위해 로마네스크 양식에서는 벽이 두꺼워졌는데, 두꺼운 벽에 크고 높은 창을 낼 수가 없었으므로 건물 내부가 어두웠다. 또한 하중 때문에 높은 구조물을 짓는 데 한계가 있었으므로, 건물의 규모에도 제약이 있었다.

그러나 고딕 양식에서는 궁륭천장반원 형태로 둥글게 만든 천장을 사선으로 교차하는 갈비뼈 형태의 구조체를 발명함으로써

힘과 압력을 고루 퍼지게 할 수 있었다. 측면은 외부의 아크 부탕이 지지해 주었으므로 벽체는 상부의 압력만 견뎌 주면 되었고, 그 결과 교회는 외피가 얇아지면서도 하늘로 높이 솟은 거대한 형태가 될 수 있었다. 구조체의 형태가 곧 건물 형태였던 시대에서, 구조체와 건물의 생김새가 분리되는 시대로 한 걸음 나아간 것이다.

또 당시에는 대부분의 시민들이 글을 읽지 못했기 때문에, 고딕 건축은 모자이크와 조각을 이용해 성경 내용을 일종의 그림책으로 만들어 교회 내부를 꾸몄다. 이때 교회의 높고 커다란 창은 효과적으로 활용되기 좋았고, 코발트 등의 화학물질을 첨가해 색유리를 만든 다음 납으로 연결시켜 장식했다. 여기서 시작된 스테인드글라스는 이후 '빛과 색채의 향연'이라는 하나의 예술로 발전하게 된다.

일드프랑스의 이러한 고딕 양식은 프랑스 전역은 물론 유럽 각지로 전해지면서 각국의 전통과 결합해 특색 있는 건축을 만들어 냈다. 뿐만 아니라 18세기 이후에는 영국에서 고딕 복고 양식이 시작되어, 20세기까지 교회와 종합대학, 시청사 등의 관공서에도 폭넓게 응용되면서 서양 건축사에 큰 획을 긋는다.

그러나 고딕 양식의 핵심인 노트르담 대성당은 1789년 프랑스 대혁명 때 크게 수난을 당했다. 민중들이 그동안 권력과 결탁해 자신들을 억압해 왔던 종교의 상징물들을 없애려 했기 때문이다. 대성당 정면에 있는 28개의 유다 왕 입상을 끌어내려 부순 잔해가 20세기 후반에 우연히 발굴되기도 했다.

혁명정부가 교회의 토지와 재산을 몰수하면서 한참을 버려져 있던 노트르담 대성당은 아예 헐릴 위험에 처해 있다가, 1804년 12월에 거행될 나폴레옹 1세의 대관식에 맞추어 새롭게 복원된다. 나폴레옹 1세는 긴 대관 행렬이 지날 수 있도록 대성당 주변의 길과 다리까지도 함께 정비하도록 지시했다. 무엇보다 중대한 일은 성당 앞쪽에 충분한 공간을 만드는 것이었고, 이를 위해 파리 시는 많은 집과 작은 길들을 없앤다. 오늘날 볼 수 있는 대성당 앞의 광장은 이때 만들어진 것이다.

강한 종교적 열망을 담은 노트르담 대성당은 그처럼 많은 시민들에게 피해를 주면서 다름 아닌 권력에 의해 복원되었다. 하지만 덕분에 우리는 고딕 성당의 시작이자 그 진수인 이 건축물을 곁에 두고 감상할 수 있게 되었다.

프랑스 지성의
_____ 놀이터

파리에서 한동안 생활했던 독일의 문예비평가 발터 벤야민은
파리의 매력을 이렇게 표현했다.

"그 어떤 도시도 파리보다 더 책과 깊숙하게 연결된 곳은 없
다. (중략) 왜냐하면 수 세기에 걸쳐 센 강의 강둑에는 학문의
담쟁이덩굴이 자라고 있기 때문이다. 파리는 그 자체로 센 강
이 가로지르는 도서관의 거대한 열람실이다."

보들레르, 랭보, 발자크, 사르트르, 피츠제럴드, 헤밍웨이 등 셀
수 없이 많은 문인들과 사상가들이 걷고, 사색하고, 영감을 얻
어 글을 썼던 곳, 파리. 그들의 문학에서 태어난 주인공들은 우
리가 책을 펼쳐 들 때마다 파리에 다시 태어나, 작가들의 동네
와 거실로 우리를 안내해 준다. 그렇게 문학 속 파리에는 늘
작가들이 살아 있고, 그래서 이 도시가 책과 잘 어울리는 건지
도 모르겠다.

그중에서도 '책들의 집'이라 할 수 있는 도서관은 자료를 찾고

연구하거나 휴식하는 사람들에게 훌륭한 놀이터이다. 그런 의미에서 보면 파리에는 다양한 놀이터가 있다. 중세부터 숫자를 늘려 온 도서관들이 저마다의 특징과 분위기로 책을 사랑하는 사람들을 기다리는 것이다.

공식적으로 프랑스의 도서관은 루브르 궁전에 최초로 거주한 샤를 5세가 1368년 현재의 궁전 앞 쿠르 카레 자리에 있던 포코네리^{Fauconnerie} 탑에 973권의 책으로 개인 도서관을 만든 것을 그 시작으로 본다.

그 후 지적 호기심이 많고 루브르 궁전에 대한 애착이 강했던 프랑수아 1세가 이 도서관을 활성화한다. 1537년 그는 인쇄소와 상인들의 도서 납본^{dépôt légal}을 의무화한다. 프랑스 내에서 출간되는 모든 책은 동일하게 한 권을 더 만들어 왕의 도서관으로 보내야 한다는 출판법이었다. 덕분에 프랑스 대혁명이 있던 3년의 기간을 제외하고는 16세기 이래로 자국에서 편찬된 거의 모든 서적의 사본을 이곳에 차곡차곡 쌓을 수 있었다.

루브르 궁전이 개축되면서 퐁텐블로 성으로 옮겨 간 왕실 도서관은 16세기 말에 다시 파리로 이전되었고, 1622년 첫 도서 색인을 만들었으며, 이후 1692년 일반인들에게 공개되었다. 여기에 프랑스 대혁명 때 압류된 귀족들의 개인 서적, 루이 16세와 마리 앙투아네트 등 왕가의 사유 도서들이 추가되면서 장서 목록이 풍요로워진다. 1793년에는 세계 최초의 민간 도서관으로 자리매김하면서 국립 도서관^{Bibliothèque nationale de France, 약칭 BnF}으로 명칭을 바꾸었으며, 지금은 문화부가 직접 관할하여 프랑스에서 출판된 모든 서적과 그 밖의 작품들을 보관 및 관리하고 있다.

철골구조를 이용해 건축한
리슐리외 국립 도서관 대열람실.

오랜 전통을 이어 온 도서관과 최근에 문을 연 도서관이 주는 느낌은 분명 다르다. 그러나 책이라는 공통된 매개로 공간을 이룬다는 점에서 그 분위기는 양쪽 모두 훌륭하다. 먹고 싶은 음식 혹은 그때그때의 기분에 따라 음식점을 선택하듯, 파리에서는 원하는 책의 주제나 자신의 기분에 맞추어 도서관을 골라 갈 수 있다.

먼저, 유서 깊은 도서관으로는 대표적으로 생자크 거리 근처의 팡테옹Panthéon 광장을 마주한 곳에 위치한 생주느비에브 도서관Bibliothèque Sainte-Geneviève, 콩티 부두Quai de Conti에 있는 마자린 도서관Bibliothèque Mazarine, 팔레 루아얄 뒤편으로 위치해 현재는 정치 관련 서적과 연구소만을 남겨 둔 리슐리외 국립 도서관Richelieu BnF을 들 수 있다.

이러한 도서관에는 잘 마르고 묵직한 나무로 만든 책장과 오래된 책에서 풍기는 특유의 냄새가 있다. 책장에 들쑥날쑥 꽂힌 책들은 조명을 받아 일정한 무늬를 그리며 실내장식을 더하는 멋진 재료가 된다. 공기를 저울로 잴 수 있다면 아마 도서관 내부의 공기는 바깥세상의 공기보다 무거울 것이다. 독서에 집중하게 만드는 조명과 고요한 침묵이 공기의 성분을 변화시키기 때문이다. 옛 건축 기법으로 지어진 탓에 이러한 건물은 창문이 높은 위치에 달려 있거나 개수에 제한이 있고, 그래서 열람실에는 키가 낮은 램프가 별도로 필요하다. 주위의 적당한 어둠 속에서 책상 위를 비추는 불빛은, 뻥 뚫린 열람실에서도 온전히 자기만의 영역을 갖게 해 준다.

그중에서도 생주느비에브 도서관은 6세기부터 16세기까지 수도원의 도서관으로 사용된 곳이었다. 이후 17세기에 들어 종교 서적 외에 문학, 인문학, 과학 등 다양한 분야의 도서를 갖추면서 본격적인 도서관으로 발전했다.

그러나 1796년에 수도원이 사라지고, 훗날 19세기 초에 이르러 도서관으로 기능하는 건물을 따로 짓게 된다. 앙리 라부르스트Henri Labrouste라는 건축가가 이를 맡았다. 라부르스트는 프랑스 국립 미술학교인 보자르Ecole des Beaux-Arts 와 로마 유학을 거친 인물로, 19세기에 건축 재료로 새롭게 대두된 '철'을 사용한 신건축의 선구자이다.

그는 생주느비에브 도서관을 설계하면서 전통과 혁신을 절충한 신고전주의 néo-classique 양식을 택했다. 외형은 석재를 사용해 전통적인 양식을 유지하면서도, 내부는 기초 구조부터 지붕까지 대담하게 철을 사용하여 건축가로서의 독창성과 선견지명을 발휘한 것이다.

이어서 작업한 리슐리외 국립 도서관에도 그는 철골구조를 사용했다. 가느다란 철골로 된 9개의 아치형 기둥이 천장을 받치고 있는 대열람실을 지어 둔탁한 석조로는 표현하기 힘든 경쾌함을 만들어 냈고, 격자무늬 철골을 창에 사용함으로써 자연광이 구석구석에 들어오도록 했다.

생주느비에브 도서관은 중앙 현관에 들어서면서부터 19세기 초 프랑스 건축의 흐름을 짐작할 수 있는 아름다운 공간을 만날 수 있다. 도서관 전체 규모에 비하면 로비는 작기 이를 데 없지만, 대리석 바닥 위로 두꺼운 석재 기둥과 철골구조물이 조화를 이룬 모습이 눈에 띈다. 기둥 양옆의 벽면을 따라서는 루소, 데카르트 등 여러 지식인들의 흉상이 줄지어 있다. 이곳을 지나 열람실로 향하는 사이, 바깥 소음은 잊고 마음을 가라앉히게 된다.

생주느비에브 도서관의 중앙 현관(위)과 열람실 내부(아래).

맞은편의 계단을 올라가면 이윽고 거대한 빛의 공간을 만난다. 아마도 '진리를 찾아가는 입구는 좁다. 그러나 그렇게 만난 진리는 밝고 거대하다'는 것이 건축가의 의도였을지 모른다.

열람실 문을 열면, 연두색 램프들과 그 위로 높게 뻗어 천장을 떠받치고 있는 검은색 철골구조가 눈에 들어온다. 마치 반딧불이 가득한 풀밭에서 검은 식물 줄기가 하늘로 솟아오른 것 같다. 우우한 초록빛과 묵직한 나무색이 뒤엉켜 있는 내부. 사람들이 가득 앉아 있지만, 책장을 넘기거나 간간이 펜이 구르는 소리 외에는 소음이 없다.

나무로 된 긴 책상은 마치 개인 공간의 영역을 표시해 주려는 듯 두 종류의 나무로 짜 맞춰져 있다. 가로로 네 뼘, 세로로 세 뼘쯤 되는 도톰한 나무 판을 앉을 사람 수대로 여러 개 맞물려 놓은 것인데, 이것이 닳아서 윤이 나는 모습은 꼭 처음부터 하나의 나무에서 태어난 듯하다. 각 좌석의 위쪽 중앙에는 누런 타원형 금속판에 '348' 등 각각의 자리 번호가 음각으로 새겨져 있다. 그리고 연두색 샐러드 볼을 뒤집은 것 같은 유리 갓의 스탠드를 네 사람당 하나씩 공유한다.

나는 의자에 앉은 채로 고개를 들고 도서관을 둘러본다. 약 15미터 위, 열대의 나뭇잎을 펴 발라 놓은 듯한 천장

열람실을 이용하는 사람들.
뒤쪽으로는 과거에 서고에서 열람실로 책을 운반하던
엘리베이터가 보인다.

을 보다가 벽으로 시선을 옮긴다. 너비가 80미터에 달하는 이 도서관에는 커다란 아치형 창문이 규칙적으로 뚫려 있다. 높은 창문 너머로 어둠이 내려앉은 팡테옹의 지붕과 해가 저물어 가는 라탱 지구Quartier Latin의 하늘이 보인다. 창문 바로 아래의 열람실 2층은 나무로 된 테라스가 빙 둘러싸고 있고, 그 뒤의 벽에는 조명을 받은 책들이 책장을 가득 메우고 있다. 마치 이 책들이 직접 라탱 지구의 한가운데를 깊게 파고 벽을 세워 자신들의 아늑한 공간을 만든 듯하다. 학문을 나누고, 책을 읽고 기록하던 지식인들의 향기 역시 이곳에 은은하게 배어 있다.

한편, 현대적인 분위기의 도서관으로는 파리 동남부의 베르시Bercy 지역 강변에 있는 프랑수아 미테랑 국립 도서관 Bibliothèque François Mitterand과 마레 지구의 퐁피두 센터 내에 위치한 공공 정보 도서관BPI이 대표적이다.

프랑수아 미테랑 대통령은 1980년대 초반에 그랑 프로제 Grand Projet라는 이름의 대규모 문화 건축물 프로젝트를 발표하며 루브르 박물관 앞의 피라미드 구조물 건설 프로젝트, 라 데팡스 지역의 신도시 개발 및 신개선문 건립을 추진한다. 그리고 이와 함께 1988년 7월, 전례 없는 대규모의 신개념 도서관을 만들기로 결정한다.

이 시기 리슐리외 국립 도서관은 공간이 점점 비좁아지고 있던 데다, 도서 외에 사진, 영상 등 미래에 핵심이 될 미디어 콘텐츠의 중심이 되는 새로운 도서관이 필요하다는 생각에서였다. 이것이 일명 미테랑 도서관이 지어지게 된 배경이다. 전 세계 최대 규모의 도서관에 세계의 모든 지식을 포괄하며, 모든 사람들이 쉽게 접근해 지식과 기술을 배우도록 하겠다는 미테랑 대통령의 포부는 프랑스의 젊은 건축가 한 명을 발굴하는 계기가 되기도 했다. 이화여대의 ECC 프로젝트로 우리나라에도 잘 알려진 도미니크 페로Dominique Perrault이다.

그는 거대한 책 네 권이 펼쳐진 채 서로 마주 보고 있는 형상으로 이 도서관을 설계한다. 그러한 발상은 도서관에 대한 기존 상식을 뒤엎는 데서 출발했다. 즉 '서고는 지하에, 열람실은 빛이 잘 드는 지상에'라는 통념을 바꾸어, 지상에 있는 네 개의 책 모양 탑에 도서를 보관하고, 지하의 커다란 공간을 하나로 묶어 중정에서 책을 본다는 개념을 구현한 것이다.

각 건물에는 고유의 이름과 용도가 있다. 시간의 탑Tour des Temps은 철학·역사·인문 분야를 상징하고, 법의 탑Tour des Lois은 법·정치·경제를, 숫자의 탑Tour des Nombres은 과학기술, 문자의 탑Tour des Lettres은 문학·예술을 상징하는 동시에 그 분야의 도서를 보관한다. 이 네 개의 탑에는 약

장서 1,400만 권을 포함한 3,000만 권의 문헌 자료, 35만
종의 정기간행물, 7만 6,000여 개의 필름이 소장되어 있
고, 프랑스에서 출간되는 모든 책들은 이곳으로 납본된다.

건물들의 외벽은 모두 유리로 되어 있는데, 안쪽에는 나무
패널이 덧대어져 있다. 대부분 패널로 닫아 두었으며 그곳
은 책을 보관하는 장소이고, 열어 둔 곳은 도서관 직원들
의 사무 공간이다. 책 역시 포도주처럼 섭씨 약 14도에서
보관하는 것이 알맞기 때문에 빛을 적절히 차단해 주는

미테랑 도서관의 입구.
지하에 있다.

것이다.

건축적으로 참신한 시도와 높은 미적 가치에도 불구하고, 이러한 지상형 서고는 비용 소요가 많다는 이유로 다른 건축가들의 비판을 받기도 했다. 하지만 그런 이들은 미테랑 도서관을 잠시 스쳐 지났을 뿐이거나 중정을 바라보며 책장을 넘겨 본 적 없는 사람들일 것 같다.

유리로 된 네 권의 책 사이를 통과해 지하로 내려가면, 중앙에 넓은 공간이 펼쳐진다. 복도 바닥에는 카펫이 깔려 있어 걸을 때 소음이 없고 발이 편안해 피로감이 적다. 이 붉은 카펫은 광활한 중정의 초록과 대비되어 따뜻한 느낌이다. 열람실에서 책을 보다가 중정의 숲이 보이는 복도로 나와 휴식을 취해도 좋다. 참고로 이 숲은 건축가 페로가 이곳 도서관의 모태인 왕실 도서관이 있던 퐁텐블로 숲의 일부를 재현한 것이라고 한다.

공간의 아름다움만이 미테랑 도서관의 장점은 아니다. 각 서고의 책들이 컨베이어 벨트로 운반되는 자동화 시설을 갖추고 있고, 미디어테크, 유·무료 전시 공간, 세미나 및 콘퍼런스 공간과 휴게 공간이 모두 마련되어 있어 온 가족이 함께 찾을 수 있는 열린 공간이기도 하다.

'문화'와 '첨단'이라는 두 가지 코드가 동시에 어우러진 이런 도서관이야말로, 편안하고 만족스런 하루를 보내기에는 최고의 놀이터가 아닐까.

기억의
_____ 상자 1

미술관이나 박물관은 기본적으로 누군가가 남겨 둔 것들로 구성한 '기억의 상자'이다. 형태와 소리, 때로는 냄새와 촉감으로써 그들이 말하려 한 것을 떠올리고 그들 생각의 단면을 감상하는 곳이다.

그런데 한 작가의 동일한 작품도 그것이 전시되는 장소에 따라 느낌이 달라진다. 다른 도시, 다른 전시장에 놓이면 낯선 풍경과 새롭게 겹쳐지기 때문이다. 이미 알고 있던 작품도 새로운 도시에서 만나면 여행길에 동행하다가 기약 없이 헤어졌던 사람을 다시 만난 듯 반갑다. 또 그 도시, 그 작품, 나, 이렇게 셋이 만나 그 순간에만 연출할 수 있는 유일무이한 기억이 만들어진다. 그래서 미술관의 풍경은 항상 변한다.

지난 2010년에 나는 프랑스 국립 현대 미술관인 퐁피두 센터Centre Pompidou에서 열린 피에르 술라주Pierre Soulages의 회고전

퐁피두 센터와 그 앞 광장.

을 본 적이 있다. 검은색을 주로 사용하여 '검은색의 화가'라 불리는 그는 다양한 방법으로 화폭에 검은 색채를 채우고 있었다. 숨도 쉬지 않고 한 번에 바른 것 같은 캔버스 위의 검은색 콜타르 덩어리에 반사된 파리의 풍경. 감상 중간 중간 머리를 식히도록 구성된 전시를 따라가며 파리 하늘을 보고 있으면, 그 순간은 내게 '파리 속의 술라주'가 되었다.

퐁피두 센터는 마레 지구와 시테 섬, 그리고 레 알Les Halles 사이에 위치해 있다. '늪, 습지'라는 뜻의 마레라는 이름이 말해 주듯 중세 이전에 이곳은 센 강이 정기적으로 범람하는 늪지대였다. 사람들은 홍수를 피할 수 있는 둔덕에 농사를 지으며 정착했고, 단어 'beau아름다운'와 'bourg마을'를 조합해 '아름다운 마을'이라는 의미의 보부르Beaubourg가 형성되었다. 이곳을 지나던 성곽을 따라 생긴 농민들의 초가집은 11세기까지도 남아 있었다고 한다. 그래서 파리 지엥들은 퐁피두 센터의 소식을 물을 때 "요즘 보부르에서는 무슨 전시를 하지?"라고 말하곤 한다.

혁신적인 것들은 많은 경우에 가장 더럽고 어두운 곳에서 태어나는 것 같다. 그 이름의 기원에도 불구하고, 오랜 세월 파리의 심장부에 위치해 온 보부르 지역은 숨 쉴 곳 없이 빽빽하고 불규칙하게 들어선 건물과 골목으로 오물이 넘쳐 나던 비위생적인 곳이었다. 다른 지저분한 지역들이 정돈된 후에도 이 땅은 버려져 있다시피 해서, 한참을 레 알 지구 농수산물 시장의 주차장으로 쓰이다가 뒤늦게 현대 예술의 중심지로 거듭났다.

1969년, 조르주 퐁피두Georges Pompidou 대통령은 당선 후 얼마 지나지 않아 새로운 미술관 건립에 대한 계획을 발표한다.

"옛 예술품을 위한 곳으로는 루브르 박물관이 이미 있으므로, 우리에게는 현대 예술을 이끌어 갈 새로운 박물관이 필요합니다. 그리고 그 안에 지어질 도서관이야말로 예술적 영감을 낳는 지성의 장이 될 것입니다."

그는 박물관이면서 조형예술·음악·영화·책·음향 등 다양한 시청각 자료와 연구소가 한곳에 모이는 복합 예술 문화 센터를 만들고자 했다. 이러한 계획을 실현하기 위해 1971년에 국제 현상 공모를 열었고, 세계의 많은 건축가들이 이 비어 있는 땅에 자신의 건축을 채워 넣을 꿈을 안고 참가했다. 복고풍의 고전 양식에서부터 유토피아를 그린 건축물까지 다양하고 참신한 안들이 출품되었다. 그러나 이 공모의 심사 위원장으로 당대의 혁신적 디자이너이자 엔지니어 장 푸르베Jean Prouvé가 선정되었던 것을 생각하면, 퐁피두 센터 역시 미래형 건축물이 될 것임은 예정된 일이었는지도 모른다.

마침내 프랑스는 국립 현대 미술관의 당선작으로 젊은 건축가 두 사람의 공동 설계작을 택한다. 이탈리아의 건축가 렌조 피아노Renzo Piano와 영국의 건축가 리처드 로저스Richard Rogers의 작품으로, 이들은 파리 시민들의 미적 고정관념을 완전히 뒤집고 형형색색의 파이프로 둘러싸인 커다란 상자를 파리의 건물들 한가운데에 끼워 넣었다.

건축 형식 면에서도 새로운 시도였다. 일반적으로 건물 내부에 있는 기둥을 비롯해 벽체 사이에 감추는 각종 설비와 시설물들을 모조리 건물 외부로 꺼내어, 말하자면 겉과 속이 뒤바뀐 건물을 설계한 것이다. 그 결과 보통의 건물과

달리 내부가 다른 요소의 방해를 받지 않아 100퍼센트 비어 있는 육면체 공간을 얻을 수 있었다.

그러나 퐁피두 센터의 개관을 앞두고 사람들은 주위 환경에 비해 너무 강렬한 색채와 창고나 공장을 연상케 하는 외관에 당황했고, 이러한 건축물이 과연 프랑스를 대표하는 현대 미술관이 될 수 있을지 우려했다. 하지만 1977년 개관 후 이 괴짜 같은 건물은 사람들로부터 많은 사랑을 받는다. 1997년에는 리노베이션을 위해 잠시 문을 닫았는데, 심지어 그 공사 현장을 둘러싼 가벽을 이용한 전시를 감상하기 위해서도 사람들이 모여들었다. 어느덧 파리지엥들에게 이곳은 없어서는 안 될 '마음속 예술 공장'으로 자리 잡은 것이다.

미술관은 그 자체로 예술 작품이어야 한다. 그러면서도 모든 이들이 수용하고 즐길 수 있는 자유로움과 재치로 경계를 허물어 사람들을 불러들여야 한다. 예술은 다름 아닌 사람과 사람 간의 관계에서 태어나는 창조물이기 때문이다. 예술에는 그것을 만드는 사람과 감상하는 사람이 존재한다. 또한 예술을 전시하는 방식과 감상하는 방식 모두 사람들의 사고방식에서 만들어진다.

그런 점에서 퐁피두 센터는 하나의 예술 작품인 동시에

파리 사람들의 모습을 가장 잘 보여 주는 미술관이다. 보면 볼수록 그 매력에 빠져들게 되는 사람처럼, 자주 방문하고 여러 방향에서 걸어 보면 첫눈에 발견하기 어려웠던 이곳의 매력을 찾을 수 있다.

우선 퐁피두 센터는 전체 부지의 절반에 해당하는 면적이 비어 있다. 이 공간은 피아자piazza, 즉 광장으로, 사람들은 책을 읽거나 특별히 하는 일 없이 앉아 쉬면서 사람들을 구경하고, 거리의 예술가들이 펼치는 공연을 지켜본다. '전시장 따로, 사람들의 일상 따로'가 아니라 광장의 자유로운 풍경을 전시장이 흡수하는 모양새이다. 즐기고 쉬는 공간 속에 예술이 있고, 예술 속에서 즐기고 쉰다.

퐁피두 센터의 두 건축가는 미술관과 도시의 경계를 허물어뜨리는 이 광장 공간을 미술관의 설계 단계에서부터 미리 구상했다. 빽빽한 레 알 지구와의 접경인 이곳에 공백을 둠으로써 건물을 숨 쉬게 하고, 건물 지하 1층에 해당하는 곳과 광장을 경사면으로 이어 입구로 만들었다. 이 경사 덕분에, 미술관 입구에 인접한 생마르탱 거리Rue Saint-Martin에서는 42미터 높이의 이 6층짜리 건물 안에서 이동하는 사람들을 한눈에 볼 수 있다. 그리고 문턱도 계단도 없이 도시의 광장 한 조각이 건물 안으로 들어와 있는 이 미술관에서, 사람들은 언제 들어섰는지 인식하기도 전에 어느새 현대 예술의 중심에 서 있는 자신을 발견한다.

퐁피두 센터의 또 다른 매력은 바로 애벌레 모양의 에스컬레이터이다. 건물 전면부를 사선으로 가로지르는 이 에스컬레이터 역시 건물의 내부 시설물을 외부로 내보낸 덕분에 만들어졌다. 1층을 지나, 위층으로 가기 위해 에스컬레이터에 오르면 파리의 여느 전망대에서와는 다른 경험을 할 수 있다. 마법 양탄자에 올라 도시의 하늘로 날아오르는 기분이랄까.

위로 올라갈수록 눈앞의 광경이 달라진다. 먼저 광장에서 열리는 다양한 퍼포먼스와 여기저기 무리 지어 앉은 사람들을 시작으로, 거리를 걷는 사람들과 카페에서 차를 마시는 사람들, 광장을 마주 보고 늘어선 건물들과 아기자기한 창문들을 차례로 감상할 수 있다. 4층 높이에서는 비로소 파리 건물들의 회색 지붕과 눈높이를 맞추게 되고, 6층이 되면 햇볕을 받아 빛나는 지붕들과 파리의 길들이 내려다 보이는 한편으로, 푸른 하늘과 저 멀리 몽마르트르 언덕 위 사크레 쾨르 대성당Basilique du Sacré Coeur, 강가를 지나가는 자동차들, 완만한 곡선을 그리며 흐르는 센 강을 모두 조망할 수 있다.

자주 전시를 보는 시민들을 위해 연 단위로 정액권을 끊을 수 있는 덕에, 나에게 이곳은 시내에 볼일이 있어서 나

왔다가 잠시 시간이 생기면 들르는 놀이터가 되곤 했다.

그럴 때면, 이곳 파리 한가운데에 놓인 예술가들의 작품들을 감상한 뒤 2층의 카페테리아에서 맥주 한 잔을 주문한다. 전시를 보기 위해 광장에 줄지어 선 사람들, 곳곳에서 무릎 위에 노트북을 놓고 작업하는 사람들, 홀 곳곳에 앉아 대화를 나누는 사람들이 만드는 소음 가운데에서 나는 잡지를 보거나 수첩에 무언가를 끄적거린다. 예술의 사이에서 발생하는 소음 또한 예술의 산물일 것이므로, 이곳에서라면 조금 시끄러워도 괜찮다.

사람들의 생활이 켜켜이 쌓인 파리의 가장 중심이면서, 옛 기억을 잃어버린 채 텅 비어 있던 주차장. 그곳에 자리 잡은 퐁피두 센터는 도시와 현대 예술을 경계 없이 이어 준다. 그리고 시간에 따라 변하는 도시와 사람, 또 소음 속에 공백을 두어, 그 사이에서 자유롭게 생겨나는 예술로 이 도시의 풍경을 다시 한 번 채우고 있다.

늦은 저녁, 퐁피두 센터 앞 카페 파리 보부르Paris Beaubourg에 앉아 소파에 등을 기댄다. 사람들이 모두 나가고 없는 그 건물을 바라보며 나는 혼잣말을 한다.
"너도 참 못생겼다."
퐁피두가 대꾸한다.
"그러는 넌? 다르다는 건 좋은 거야!"
못생겼지만 늘 자신 있고 자유로운 이곳. 이 매력덩어리를 나는 사랑한다.

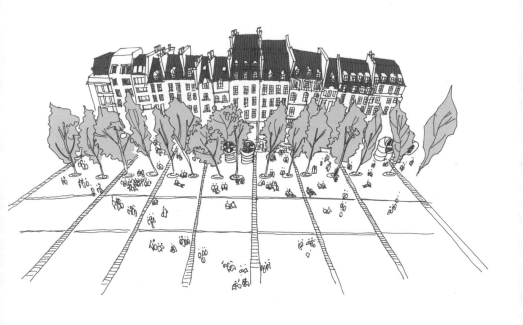

퐁피두 센터를 마주하고 완만한 경사를 그리는 광장.
자유로운 감성의 사람들이 늘 이곳의 공백을 채운다.

기억의
_____ 상자 2

내가 하는 일은 실내 건축 그리고 건물 외관에 새로 옷을 입히는 일이다. 그간 해 왔던 작업들을 돌아보니 박물관이나 전시에 관한 프로젝트들이 꽤 많다.

이러한 프로젝트에서는 우선 전시 주제와 작품들의 성격을 파악하여 공간과 전시 콘셉트를 잡는다. 매핑mapping이라고 하는 작품 배치 작업을 통해 방문자들의 시선과 동선을 계획한 후, 그곳에 위치할 전시대와 실내 환경을 디자인한다. 오래된 건물일 경우에는 손상된 부분을 복원하거나 현대적인 요소를 추가하기도 한다.

자연의 대지 위에 새로운 볼륨volume을 만들어 세우는 것은 건축가로서 더할 나위 없이 즐거운 작업이지만, 기존에 다른 용도로 쓰였던 건물을 전시 공간으로 바꾸는 것 또한 무척 흥미로운 일이다. 예를 들면 100년 전에 지어진 수영장과 다이빙 풀을 전시 공간으로 바꾸는 작업 같은 것 말이다.

박물관을 비롯한 전시장이 꼭 거창할 필요는 없다. 누군가의 기억을 모아 하나의 통일된 주제로 엮을 수 있다면, 그리고 그것으로 작은 동선을 만들어 낼 수 있다면 충분하다. 대형 박물관이 의미 없다는 말은 아니다. 단, 멋진 대지에 멋진 건물을 새롭게 지어 값어치가 나가는 물건들을 전시해야만 훌륭한 박물관이라는 고정관념을 가질 필요는 없다.

우리 삶의 흔적이 될 만한 것은 모두 전시의 주제가 된다. 실제로 인형, 동전과 메달, 가구와 의자, 편지, 하수도, 우체국, 과학과 산업, 군사, 건축, 스포츠, 동식물, 소설가의 방, 포도주 등 다양한 주제로 전시를 여는, 박물관이라고 부를 만한 곳은 파리에만도 200군데가 넘는다. 그렇다고 해서 새로운 건물을 200채나 지은 것은 물론 아니다. 다른 용도로 지어져 사용되던 건물에 전시관을 구성한 경우가 대부분이다.

요즘 한국 사회에서 '유휴遊休 공간'이라는 개념에 관심을 갖는 것처럼, 쓰임새가 다한 건물이나 장소를 어떻게 활용할 것인가는 프랑스에서는 이미 오래도록 고민해 온 문제이다. 질문을 던지고 타인과 생각을 나누며 그 결과물을 공유하려는 국민성이 있는 그들은, 쓰임이 다한 공간을 어떻게 채울 것인지 다 함께 고민하면서 그 방안으로 예술품이나 문화재의 전시를 계획하곤 한다.

예를 들면 프랑스 정부와 지방자치단체는 파리의 낡은 옛 병원들을 박물관으로 바꾸는 프로젝트를 진행한다. 또 도시 안에 남아 있는 커다란 창고 및 교역장, 다리의 하부 공간, 옛 주택과 궁전 등을 사들인 뒤 박물관으로 바꾸어, 교육의 장으로서 사회에 환원한다. 역사성이 있는 공간들을 없애지 않고 전시 공간으로 만들어 '도시의 기억'을 이어 가는 것이다.

지금의 루브르 박물관이 처음부터 박물관은 아니었듯, 오랑주리 미술관^{Musée} de l'Orangerie, 오르세 미술관^{Musée d'Orsay}, 피카소 미술관^{Musée Picasso Paris} 역시 애 초에 전시를 목적으로 지어진 것은 아니었다.

먼저, 콩코르드 광장 옆 튈르리 정원 내에 자리 잡은 오랑주리 미술관은 오랑 주리^{orangerie, 오렌지 나무용 온실}라는 이름이 말해 주듯 원래 오렌지 나무를 저장하는 창고였다. 고전 양식의 이 건물은 남향인 센 강 쪽의 벽을 모조리 커다란 유리 창으로 만들어, 겨울 동안 이곳에 옮겨 둔 오렌지 나무에 따뜻한 햇빛을 공급 했다. 그러나 나폴레옹 3세가 즉위한 1852년 이후부터 이곳은 과학이나 예술 분야의 전시 공간으로 활용되기 시작했다. 제1차 세계대전 기간에는 군사 병 기 보관소 및 병사들의 숙소로 이용되기도 했다.

오늘날 오랑주리는 클로드 모네^{Claude Monet}의 〈수련^{Les Nymphéas}〉 연작을 볼 수 있는 미술관으로 유명하다. 모네 전시실은 천장에서 내려오는 자연광을 이용 한다. 라탱 지구의 한 카페에서 모네를 만나 오랫동안 우정을 나누어 온 사이 이던 조르주 클레망소^{Georges Clemenceau} 수상은 황혼의 나이로 접어든 모네에 게 한 가지 제안을 한다. 그가 작업해 왔던 〈수련〉의 연작을 그려 프랑스에 기 증하면 장차 미술관으로 바꾸어 문을 열 이곳에서 영구히 전시하겠다는 내용 이었다. 모네는 이를 받아들여 1914년부터 오랑주리의 거대한 벽을 채울 대형 작품을 그리기 시작해 1918년에 완성한다.

하지만 아쉽게도 그는 자신의 작품이 전시되는 것을 보지 못한 채 세상을 떠 났고, 이듬해인 1927년에 개관한 오랑주리 미술관에서 사람들은 모네의 〈수 련〉을 감상하게 된다. 거대한 타원형의 방 두 개로 구성된 모네 전시실의 현재

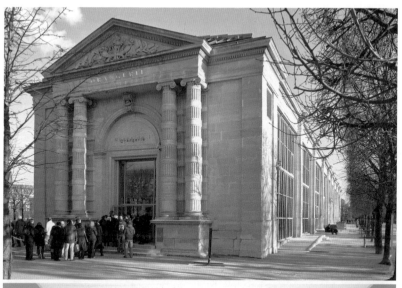

오랑주리 미술관과 내부의 모네 전시실.

오르세 미술관의 모습.
높은 곳에서 내려다보면 옛 기차역의 모습을 상상할 수 있다.

모습은 몇 년간 리노베이션을 거쳐 2006년에 재개관한 것이다. 생전에 자신의 작품이 자연광을 받기를 원했던 모네의 뜻에 따라, 콘크리트 지붕을 걷어 내고 그가 오랫동안 살았던 지베르니의 호수를 연상케 하는 타원형 유리 천장으로 교체해 햇빛이 들도록 했다.

오르세 미술관도 흥미로운 곳이다. 세잔, 고흐, 고갱, 르누아르, 마네 등 인상주의 화가들의 작품이 많아 특히 한국인과 일본인들에게 인기가 많다.

박물관의 전면에 있는 커다란 시계가 힌트를 주듯, 오르세 미술관은 프랑스 철도의 역사와 함께한다. 19세기 초반 새로운 교통수단으로 떠오른 철도가 지방으로 확산될 때, 파리와 지방을 잇는 최초의 노선으로서 파리 남서쪽의 도시 오를레앙Orléans을 오가던 열차의 종착역이 바로 이곳 오르세였다. 그러나 플랫폼 길이가 짧은 오르세 역이 객차의 양이 많은 긴 기차를 소화하기 힘들어지자, 1939년에 들어 이 역의 운행은 중단된다. 이후 용도를 찾고 있지 못하다가, 1970년대에 프랑스 정부가 이곳을 19세기 미술 작품을 중심으로 한 국립 미술관으로 활용할 방안을 구상하기 시작한다.

아이디어는 르네상스 시대의 루브르 박물관과 현대의 퐁피두 센터 사이에 시대적으로 다리 역할을 하는 미술관을 만드는 것이었다. 근대화의 산물이라고 할 수 있는 기차역은 같은 시기에 꽃피운 인상주의 미술과 잘 어울린다. 또한 기차역은 철골과 유리를 사용하여 만들어 낸 거대 공간으로, 인공조명이 아닌 자연광에서 더 아름다움을 발하는 인상주의 작품을 위한 전시관으로도 안성맞춤이다. 그래서 오르세 미술관에는 1848년부터 1914년 제1차 세계대전 이전까지의 작품들을 전시하고, 그 전 시기의 작품들은 루브르 박물관에, 그 후의 현대 작품들은 퐁피두 센터에 전시하도록 계획되었다.

이런 큰 그림을 그리며 프랑스 정부는 1979년에 설계 공모전을 열었고, 이탈리아의 실내 건축가인 가에 아울렌티Gae Aulenti가 이곳의 내부 디자인을 맡는다. 그녀는 역의 유리 지붕을 통한 채광을 활용해 빛이 특히 잘 드는 맨 위층에 자연조명을 설계했다.

그러나 시간이 지나면서, 화창한 날씨와 흐린 날씨, 해가 긴 여름철과 오후 네시면 해가 지는 겨울철 간의 조도 차이로 전시 감상 환경이 일정하지 못하다는 문제가 제기되어 왔다. 그래서 인상주의 작품들을 모아 놓은 5층 전시실은 2008년 프랑스 건축가 장 미셸 빌모트Jean-Michel Wilmotte에 의해 다시 설계된다. 유입되는 광량, 날씨와 계절 등에 따라 달라지는 조건을 계산하여 빛을 자동으로 조절하는 시스템을 마련해 늘 동일한 조건에서 작품을 감상할 수 있도록 했다. 그림에 자연스럽게 시선이 가도록 전시 환경을 개선하는 작업도 병행하면서 현재의 모습을 갖추었다.

그 결과 과거 기차역이던 이 미술관에, 그와 동일한 시대를 살았던 화가들의 작품이 전시되어 있다. '예술'이라는 이곳의 알맹이와 '역사驛舍'라는 이곳의 외피가 절묘하게 어울리는 것이 바로 오르세 미술관의 매력이다. 높은 곳에서 이 미술관을 내려다보며, 오래전 이곳을 떠나고 또 돌아오던 기차들을 상상해 본다.

한편, 마레 지구의 멋진 건축물 중 하나인 피카소 박물관 역시 처음에는 저택 용도로 지어진 것이었다. 17세기, 피에르 오베르Pierre Aubert라는 한 정치인이 자신의 저택을 짓기 위해 수도원 땅을 사들인다. 저택의 이름은 호텔 살레Hôtel

Salé, 의미는 '짭짤한 호텔' 또는 '소금 호텔' 정도에 해당한다. 프랑스어로 '호텔'은 개인의 대저택 또는 공공 기관의 성격을 띤 건축물을 가리키는데, 이 저택의 주인인 오베르가 '소금'을 국가 세금으로 걷는 책임자였기 때문에 그처럼 불리게 되었다고 한다.

하지만 당시 보르비콩트 성의 성주이자 재무 장관이던 니콜라 푸케가 국왕 루이 14세에게 신임을 잃자, 막강한 권력의 푸케와 한 배를 타고 있던 오베르는 이 저택이 채 완성되기도 전에 포기해야만 했다. 주인이 떠난 후, 1659년에 가로 42미터 길이의 전면부를 자랑하는 바로크 양식의 아름다운 건축물이 완성

파리 피카소 박물관.

된다. 호텔 살레는 1668년부터 약 20년간 베니스 대사관으로 쓰였고, 이후에도 수차례 주인이 바뀌었다. 프랑스 대혁명 기간에는 몰수되어 서고 및 학교로 쓰이다가 1964년에 파리 시가 구입해 부분 복원하기도 했다.

한편, 파블로 피카소는 1900년 파리 만국 박람회 회고전에 스페인 대표로 참가한 것을 계기로 프랑스에 진출해 평생을 프랑스에서 활동했던 화가이다. 1973년 봄, 그는 세상을 떠나면서 황혼기에 작업했던 대작들을 프랑스 정부에 기증한다. 1,500여 점에 달하는 스케치, 251점의 그림, 10점 남짓한 조각 작품과 세라믹 작품 등 그 양이 엄청났다. 당장 이 작품들을 전시할 장소를 찾지 못하던 파리 시는 1975년부터 호텔 살레를 빌려 전시장으로 사용하다가, 1985년 정식으로 이곳을 국립 피카소 박물관으로 개관한다.

현대적인 신축 건물이 주는 신선한 감동도 있지만, 이렇듯 이미 있던 건물을 박물관으로 활용하면 그곳에 깃든 역사와 기억이 현재의 작품과 어우러져 방문하는 재미가 두 배가 된다. 수명이 다해 사라질 위기에 놓였던 건축물들이 아름다운 기억의 덩어리들로 바뀌어 도시 곳곳에 별처럼 박혀 있는 것이다. 한 국가에 미술관이나 박물관이 많다는 것은 그만큼 그 나라의 문화가 풍요롭다는 의미일 것이다. 개발에만 몰두해 새로운 건물을 짓는 데 에너지를 쏟고 옛 건물들을 경제적 원칙으로만 바라본다면 이런 일은 불가능하지 않을까. 박물관이란 오랜 시간을 두고 천천히 쌓아 가는 '기억의 상자'이기 때문이다.

Grand Magasin
백 화 점

상업 공간
마케팅의
──────── ## 개척자

'마개, 뚜껑'을 뜻하는 프랑스어 부숑bouchon. 막는다는 의미 때문인지 '교통 체증'을 비유할 때 사용되기도 하는 이 단어는 크리스마스가 다가오는 시기, 파리의 몇몇 거리에서 경험할 수 있다.

오페라 가르니에Opéra Garnier 뒤로 백화점들이 몰려 있는 오스만 거리boulevard Haussmann를 비롯해, 생제르맹 거리boulevard Saint-Germain 근처로 라스파유 거리boulevard Raspail와 세브르 거리Rue de Sèvres가 만나는 곳 인근이 대표적인 장소이다. 코르크 마개를 닫아 와인을 가두듯, 이런 곳들의 가게들은 크리스마스를 앞두고 선물을 마련하러 나온 수많은 사람들의 발길을 멈춰 세운다.

"가족에게 행복한 크리스마스와 희망찬 새해를 선물하세요!" 모두가 선물을 준비하는 이 시기에 파리의 많은 상점들은 화려한 디스플레이와 각종 마케팅으로 사람들을 유혹한다.

마케팅marketing은 'market+ing', 즉 끝없이 움직이는 시장을 읽는 것이라고 할 수 있다. 그렇다면 이를 가장 먼저 적용한 대형 상업 공간은 어디일까? 프랑스어로 grand magasin그랑 마가쟁, 큰 가게이라 불리는 '백화점', 그중에서도 센 강의 남쪽인 좌안左岸에 위치한 세계 최초의 백화점인 봉 마르셰Bon Marché이다.

1883년 에밀 졸라는 이 백화점을 모델로 한 소설《여인들의 행복 백화점Au Bonheur des Dames》을 발표하기도 했다. 여기서 그는 봉 마르셰를 "고객을 위해 만들어진, 현대 상업의 대성당"이라고 표현한다. 이처럼 봉 마르셰는 다양한 마케팅 기법과 더불어 상업 공간 구성에 대한 표준 사례를 만들고, 사회의 변화를 읽어 유행을 선도했다.

19세기 중반에 접어들면서 프랑스는 백화점이 탄생하기에 좋은 여건을 갖춘다. 산업혁명의 영향으로 상품의 대량 생산이 가능해졌고, 나폴레옹 3세와 파리 시장이었던 오스만 남작이 대대적인 도시 개발을 추진하며 대로를 건설하면서 인도와 접한 지상층에 가게가 들어선 주상 복합형 건물이 생겨났다. 또한 파리 시가 만국 박람회를 유치하기 위해 대중교통 및 거리의 가스등을 정비한 덕분에 사람들은 해가 진 뒤에도 산책을 할 수 있게 되었다. 그러면서 쇼윈도에 전시된 상품들을 구경하는 쇼핑 문화가 자연스레 생겨난다.

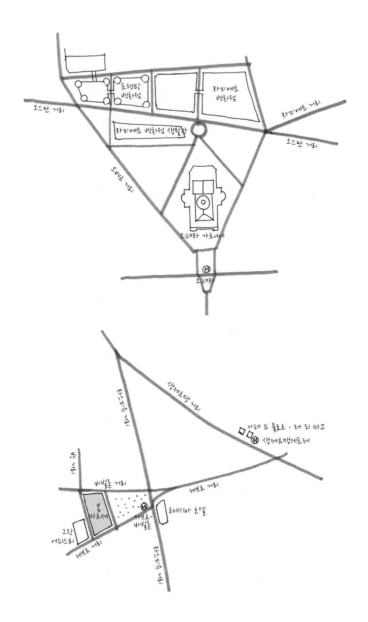

오페라 가르니에 근처의 백화점들(위)과
생제르맹 거리 근처의 백화점들(아래).

이러한 환경은 파리 내에 '새로움' 혹은 '유행'이라고 표현할 만한 분위기를 만들었고, 그 변화의 물결 가운데에는 아리스티드 자크 부시코Aristide Jacques Boucicaut라는 사람이 있었다. 1810년, 모자를 제작하는 장인의 아들로 태어난 그는 18세에 아버지 곁을 떠나 무명천을 판매하는 상인을 만나서 7년간 끈기 있게 일을 익힌다. 이후 25세에 파리로 와서는 박 거리Rue de Bac에 위치해 각종 신상품을 모아 판매하던 프티 생토마Petit Saint-Thomas에서 점원으로 일한다. 백화점의 효시 격인 그곳에서 부시코는 단기간에 최고 책임자가 되면서 자신의 사업 철학을 시험할 수 있었다.

이후 프티 생토마는 문을 닫지만, '불행은 기회를 낳는다'는 말이 그에게도 해당되는지 곧이어 기회가 찾아온다. 두 형제 재력가가 세브르 거리와 박 거리가 만나는 곳에서 운영하고 있던 오 봉 마르셰Au Bon Marché에 함께하게 된 것이다. 부시코는 그동안 익힌 수완으로 가게를 키우며 그들에게 능력을 인정받는다. 1852년, 부시코가 자신이 가진 모든 자금을 이곳에 투입하면서 드디어 세 사람은 공동 경영자가 된다. 그리고 그들은 가게 앞에 다음과 같이 써 붙였다.

"물건이 마음에 들지 않으면 모두 환불해 드립니다."

'자유롭게 들어오고, 자유롭게 만진다.' 이것은 고객에 대한 봉 마르셰의 원칙이었다. 당시 대부분의 가게들은 고객이 찾아오면 대화를 하면서 비로소 상품의 가격과 특징을 알려 주었다. 때문에 회전율이 낮을 뿐더러 서민층으로서는 가게에 방문하기가 부담스러워, 잠재 고객을 끌어들이는 관점에서는 한계가 있었다.

봉 마르셰는 물건에 가격표를 달고 최초로 정찰제를 시행
했다. 고객들이 상품을 보거나 만지며 가격을 확인할 수
있게 하자, 지금 당장 주머니에 돈이 없어도 물건을 구경
하고 다음을 기약하는 쇼핑족들이 탄생했다. 소비자들의
'경험'이라는 것이 그들을 부메랑처럼 가게로 돌아오게
하는 최고의 마케팅 기법임을 알았던 것이다.

한편, 부시코의 아내 역시 봉 마르셰에서 주목할 만한 역
할을 했다. 여성 특유의 감성으로 사회의 변화를 읽은 그
녀는 주요 고객을 남성이 아닌 '여성'으로 보았다.
당시에는 여성들이 다닐 수 있는 곳이 별로 없었다. 자신
의 집, 부모님이나 친구의 집, 교회 등을 제외하면 시간을
보낼 곳이 많지 않았던 것이다.
부시코의 아내는 여성들이 물건을 사지 않아도 친구들을
만나거나 신문을 읽고, 누군가를 위한 선물을 미리 골라
둘 수 있는 모던한 공간을 만들어, '현대적이고 품위 있는
여인'이라는 파리지엔느parisienne의 이미지를 잡아 갔다.
여기에 남편들의 비난을 피할 수 있도록, 판매하는 제품군
에 아이들을 위한 장난감이나 장식품을 전략적으로 배치
함으로써 상류사회의 품위를 유지한다는 핑계거리를 마
련해 주고, 여인들을 따라 함께 온 미래의 고객인 아이들
에게 그 공간을 미리 선전하는 기회도 만들었다.

그래서인지 현재도 봉 마르셰에는 남성보다는 여성의 눈을 사로잡는 코너가 많고, 집을 장식하기 위한 수예 제품이나 가구, 그 밖의 디자인 제품들이 많다. 백화점 내부에 들어서면, 1887년 건축가 루이 샤를 부알로Louis Charles Boileau와 귀스타브 에펠Gustave Eiffel이 합작해 설계한 크리스털 홀을 만난다. 화사한 조명 아래 은은한 백색과 초록색이 오묘하게 조화를 이룬다.

1층 화장품 매장에서 화장을 하거나 향수를 뿌리는 여인들을 지나, 널찍한 홀 중앙에 있는 에스컬레이터를 타고 올라가 본다. 커다란 공간 안에 척추처럼 곧게 뻗은 이동 시스템은 부시코가 백화점을 확장하면서 가장 신경 써서 의도했던 부분이다. '시크하다'는 말은 이곳을 두고 나온 표현인 듯, 한 시대를 대표했던 스타일에서 힘이 느껴진다. 위층으로 올라갈수록 점차 리빙 코너로 바뀌는데, 20세기를 풍미한 고급 가구와 디자인 소품 등을 직접 보고 경험할 수 있다. 비트라Vitra, 프리츠 한센Fritz Hansen, 놀Knoll, 모오이Moooi 등의 유명 브랜드, 디자이너 조 콜롬보Joe Colombo 와 베르너 팬톤Verner Panton, 필립 스탁Philippe Starck, 잉고 마우러Ingo Maurer 등 유명 디자이너들의 작품들에 앉거나 기대며 피곤한 몸을 잠시 쉬게 한다.

이곳이 여인들을 위한 공간이라는 사실은 봉 마르셰 건물의 건너편에 자리 잡

은 대형 식료품점Grande Épicerie에서도 알 수 있다. 봉 마르셰의 식품관 격인 이 곳에는 잼과 차, 각 지방의 고급 특산 식품, 다양한 비스킷과 초콜릿, 예쁜 포장의 향신료, 그리고 직접 로스팅한 커피 등이 있어 여인들의 발걸음을 오래오래 잡아 둔다.

지금은 당연하게 여기는 것들이 많지만 봉 마르셰는 시대를 앞서 가며 기발한 마케팅 기법을 고안했다. 12월이면 크리스마스를 겨냥한 상품을 판매하는 것처럼, 특정 시기에 판매하기 적합한 제품군을 선별하고 기간을 정해 할인 행사를 벌였다. 이를테면 겨울에 '블랑blanc, 흰색' 등의 문구와 함께 이벤트를 열었다. 흰 눈이 쌓이면서 세상을 깨끗이 지우듯, 물건들이 쌓인 진열대를 깨끗이 비우겠다는 의도였다.

또한 고객이 구매한 물건을 마음에 들어 하지 않으면 교환해 주고, 광고 책자를 만들어 먼 곳에 사는 사람들에게도 봉 마르셰를 '꿈의 장소'로 알렸다. 초기에는 상품 가격을 낮추어 회전율을 높이는 정책을 쓰기도 했지만, 최고급 상품 라인은 별도로 관리하고 VIP 고객에게는 호텔 투숙 서비스를 제공하여 편안한 쇼핑을 돕는 등 특별함을 더해 주는 획기적인 방식을 통해 '상품 판매 기술의 교본'을 만들어 갔다.

없었던 한 유형을 만들어 낸다는 것은 상당히 의미 있는 일이다. 근대화가 이루어지던 시기, '소비'에 대한 사람들의 욕망을 일깨우고 새로운 소비 패턴을 이끌며 대형 상업 공간의 표준을 제시한 봉 마르셰에 놀라지 않을 수 없다.

또 여타 백화점들과 달리 봉 마르셰는 고객들을 상대로 공격적인 마케팅을 하지 않는다. 관광객들이 단체로 들어와 물건을 사는 것도 허락하지 않는다. 상

봉 마르셰 그랑 에피스리.

업적인 백화점이 아닌, 예술품과 함께하는 느긋한 분위기 속에서 문화의 향기를 느끼며 쇼핑할 수 있도록 한다. 과거 상류층 부인과 신사들로 북적이고 이곳에서 판매하는 상품이 곧 프랑스 상류사회에 유행이 되었던 시절처럼, '특별한 고객을 위한 특별한 셀렉션selection'으로 현지의 파리지엔느와 파리지엥을 위한 백화점이라는 정체성을 고수하고 있다.

고급 브랜드의 디자인전이나 예술 작품전 등 봉 마르셰는 현재도 꾸준히 문화와의 만남을 시도하고 있다. '문화'의 리더야말로 진정한 '시장'의 리더라는 것은 이곳이 문을 열고 160여 년이 지난 지금도 변함없는 진리일 테니까.

Monument
모 뉴 먼 트

프랑스의
영광을
―――― 세계로

20세기로 넘어가는 전환기에 프랑스의 국력은 정점에 있었다. 꼭대기에 국기가 나부끼는 장엄한 건축물들이 그 증인 역할을 한다. 기념비·대규모 조각·건축물 등 '기념'의 목적으로 제작된 공공 조형물인 이러한 모뉴먼트monument들은 다행스럽게도 많은 경우에 지금까지 남아 있다. 그래서 센 강을 따라 걸을 때면, 오늘도 무언가를 짓기 위해 거대한 공사장으로 변해 있는 길들과 멀리서 들여오는 쇠망치 소리 사이로 과거 '모던 파리'의 모습을 볼 수 있다.

당시 유럽은 프로이센과 프랑스 간 보불 전쟁이 끝난 1871년부터 제1차 세계대전이 발발한 1914년 이전까지 전쟁이 없었다. 또한 과학기술의 발달과 생활수준의 향상으로 유럽인들은 낙관적인 세계관과 자신감을 갖게 되었고, 건축물을 보다 높게 지어 자국의 기술력을 자랑한다.

프랑스는 이 시기에 만국 박람회를 집중적으로 개최하여 건축과 과학기술을 세계에 과시했다. 그러나 그 이면에는 산업혁명의 발원을 영국에 빼앗긴 것과 더불어 수정궁과 같은 대형 건축물을 영국이 먼저 지은 것에 대한 분함과 열등감 같은 것이 있었다.

18세기 프랑스는 유럽의 패권을 놓고 영국과 경쟁을 벌였는데, 당시 프랑스는 영국보다 인구도 많았으며 국력도 영국에 뒤처지지 않았기 때문이다. 기술 인력도 충분했고, 도로, 교량, 운하 등 사회간접자본에 투자한 정부 노력의 결과는 영국을 앞서고 있었다.

그러나 프랑스는 전통적인 농업 생산 방식을 고수하고 있었고, 제조업 분야에서도 대중의 일반적인 소비 용품보다는 사치품을 생산하는 데 주력했다. 무엇보다도 영국은 1707년 스코틀랜드와 병합한 이후 일찌감치 국내관세를 폐지했지만, 프랑스는 1789년 프랑스 대혁명까지 국내관세를 지속하여 자유롭고 창의적인 경제활동을 더디게 했다.

한편, 19세기에 모든 분야에서 급격한 발전이 있었듯이, 건축에서도 과거의 양식에 대한 지식이 증폭됨으로써 기존 양식이나 지역적으로 특수한 관습 등에서 벗어나 전혀 새로운 건물의 유형을 만들어 낸다.

19세기 건축의 가장 큰 변화는 새로운 재료와 기술력을 토대로 거대한 개방형 공간을 만들기 시작했다는 점이다. 기존에는 돌이나 벽돌 등을 활용한 내력벽과 두꺼운 돌기둥 없이는 건물을 지을 수 없었다. 그러다 '철'이라는 재료를 건축에 활용한 것이 큰 전환점이 된다. 철이 새로운 재료는 아니지만, 개량된 제철 기술 덕분에 더욱 얇고 강한 구조물을 만들 수 있게 되면서 건물 내부에 기

철과 유리를 사용한 지붕.

등을 최소화한 거대 건축물이 가능해진 것이다.

산업혁명의 진원지인 런던의 수정궁에서 1851년 5월 세계 최초의 만국 박람회가 열린 후부터 만국 박람회는 공산품과 공예품을 통해 국가 간의 기술 수준을 겨루는 장이 되었다. 19세기 유럽의 문화 수도였던 파리는 런던을 따라잡기 위해 여러 차례 만국 박람회를 개최하며 그때마다 모뉴먼트와 대형 파빌리온pavillon, 건물의 각 관(館) 등을 만든다. 그렇게 철과 유리를 사용하는 '투명한 건축'의 시대가 열렸다.

오늘날 파리의 대표적인 랜드마크가 된 에펠탑은 프랑스 대혁명 100주년을 기념한 1889년 파리 만국 박람회를 계기로 탄생한 것이다. 당시 정부는 기념비 건립을 위해 1884년 설계안 공모전을 연다. 주제는 다음과 같았다.

"샹드마르스현재 에펠탑 인근의 넓은 잔디밭 위에 한 변이 125미터인 정사각형을 밑면으로 하고 높이 300미터인 철탑을 올리는 것에 대한 가능성을 모색할 것."

2년 후, 총 107개의 작품이 출품되었다. 공모전 주제와 달리 철이 아닌 나무나 벽돌을 재료로 하여 제멋대로 설계한 프로젝트도 있었고, 지금의 에펠탑과 비슷하지만 센 강에 다리가 걸쳐 있는 프로젝트 등 아이디어는 다양했다.

그중에 최종적으로 확정된 것이 건축가 귀스타브 에펠의 안이다. 현재 에펠탑 앞의 다리인 퐁 디에나Pont d'Iéna를 정 중앙에 두고 이 철탑을 위치시켜, 1889년 샹드마르스에서 열릴 만국 박람회의 상징적인 문이 되도록 구상했다.

하지만 이 프로젝트가 공개되자 에펠탑 건립은 여론의 거센 반대에 부딪힌다. 그리고 기초공사가 시작된 시점까지도 이를 중단시키려는 파리 사람들의 노력이 계속된다. 1887년 2월 14일, 프랑스 일간지 〈르탕Le Temps〉은 화가 에르네스트 메소니에, 작곡가 샤를 구노, 건축가 샤를 가르니에, 화가 장레옹 제롬, 극작가 알렉상드르 뒤마, 소설가 기 드 모파상 등을 포함한 당대 지식인과 예술가 50명의 반대 서명을 지면에 실었다.

"공장 굴뚝을 닮아 현기증 나게 우스운 그 흉물은 우리의 노트르담 대성당, 생트샤펠Sainte-Chapelle 성당, 생자크 탑Tour Saint-Jacques, 루브르 박물관, 앵발리드 관Hôtel national des Invalides, 그리고 개선문을 움츠러들게 할 것이다. 우리는 그 얼룩 같은 그림자를 앞으로 20년간 봐야만 한다."

그러나 에펠은 이를 반박하며 '구시대적 전통이 지금의 시대적 과제와 맞아떨어지지 않는 것은 당연하다'는 입장을 동일 지면에 게재하는 등 여론을 무릅쓰고 공사를 진

행한다. 총 1만 8,000개의 쇳조각과 250만 개의 리벳rivet, 철골 조립 시 사용하는 굵은 못을 현장에서 조립하며, 하늘을 향해 한 달에 10~30미터씩 2년 2개월에 걸쳐 탑을 쌓아 올린다.

원래 에펠탑은 20년 동안만 그 자리에 세워졌다가 철거될 예정이었다. 하지만 모두가 알고 있듯 지금까지 남아 파리의 상징이 되고 있다. 초고층의 이 대형 건축물에는 모두 세 곳의 전망대가 있으며, 첫 번째 전망대는 지상으로부터 57미터 높이에 있고, 두 번째는 지상 76미터, 세 번째는 지상 276미터에 위치한다. 주로 엘리베이터로 이동하며 탑 전체에는 약 1만 명의 관람객을 동시 수용할 수 있다. 이러한 초고층 구조물은 단순히 높게 쌓아 올리는 기술력보다는 사방에서 불어오는 바람에 의한 횡력을 어떻게 이겨 낼 것인가를 계산하고, 그에 따라 구조와 모양을 잡아 가는 것이 과제이다.

가만히 서 있는 것처럼 보이지만, 바람 부는 날에 에펠탑의 꼭대기 부분은 좌우로 5~6미터가량 흔들리도록 설계되어 있다. 아쉽게도 에펠이 어떤 수식을 사용하여 형태를 잡고 바람의 저항을 줄였는지는 분명하지 않다. 컴퓨터를 이용한 설계 프로그램도, 심지어 컴퓨터도 없던 시절에 모든 것을 직접 계산해 망치로 하나하나 두드려 쌓아 올린 이 건축물을 보면, 편하게 설계하는 시대를 살고 있는 디자이너로서 감탄하지 않을 수 없다.

에펠탑 외에도, 파리의 주요 모뉴먼트로는 샹젤리제
Champs-Élysées 거리를 따라가다 보면 만나는 거대한 투명
궁전인 그랑 팔레Grand Palais가 있다. 과거 이 터에서는 코
미디나 서커스 공연이 열렸지만, 파리에서 처음으로 주최
하게 된 1855년 만국 박람회를 앞두고 이 공간은 산업관
을 지을 자리로 선택되었다. 이후 1900년 파리 만국 박람
회를 기획하면서 산업관을 허물고 그 자리에 그랑 팔레를
짓게 된다.

새로운 천 년인 1900년을 앞두고 프랑스 정부는 세 개의
모뉴먼트를 건립할 것을 기획한다. 센 강을 사이에 두고
있는 샹젤리제 거리와 앵발리드 관을 이어 줄 알렉상드르
3세 다리, 그리고 이 다리를 중심으로 서로 마주 보며 위
치할 궁전인 그랑 팔레와 프티 팔레Petit Palais가 그것이다.
1896년에 거대 전시 공간을 짓기 위한 공모전이 열렸다.
그리고 철과 유리만을 재료로 하여 8,500톤에 달하는 지
붕 무게를 지탱할 수 있는 골조를 만들어 냄으로써, 속이
비어 있는 대형 공간을 건축하는 데 성공한다.
당시 크게 유행했던 아르 누보 스타일을 받아들여 지어진
그랑 팔레와 프티 팔레는 1900년 만국 박람회에서 주로

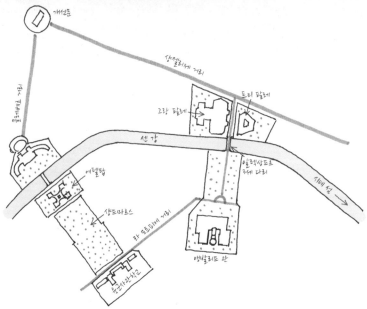

그랑 팔레 입구(위)와
맞은편에 위치한 프티 팔레의 입구(아래).

예술 및 디자인 분야를 전시했으나 이후에는 여러 가지 용도로 쓰여 왔다. 자동차 전시, 농업 관련 전시, 문화 행사나 축제, 스포츠 행사장으로도 사용되었고, 제1차 세계대전 중에는 군인 병원으로도 이용되었다.

그러나 1993년, 그랑 팔레에 위기가 찾아온다. 메탈 구조물의 연결부를 물고 있던 리벳 하나가 중앙 홀로 떨어졌다. 일부 구조물의 균형이 깨지고 있다는 증거였다. 늪지대인 바닥땅에서 건물의 하부를 떠받치고 있던 지지대가 썩기 시작한 것이다.

기념비적인 건축물이 역사 속으로 사라지는 것은 피할 수 없는 일처럼 보였다. 하지만 시민, 정치인, 건축가, 예술가 등 예술을 사랑하는 많은 사람들이 파리의 상징물을 지키기 위해 모여 목소리를 높였다. 곧 바닥을 보강하고 균형을 바로잡는 작업이 진행되었고, 그 결과 그랑 팔레는 여전히 파리의 상징으로 남아 꼭대기에서 프랑스 국기를 휘날리며 각종 문화 축제에 함께하고 있다.

한 시대의 가치를 존중하고 유지하며 문화를 풍성하게 하는 일은 프랑스인들에게 아주 자연스러운 것 같다. 선배들은 시대의 흐름과 과제를 읽어 새로운 기술력과 아름다움을 추구한 조형물을 남기고, 후배들은 그것이 특정한 행사

인도 출신 영국 조각가 아니시 카푸어(Anish Kapoor)의 작품이
그랑 팔레 실내를 가득 메운다.
비어 있는 대형 공간인 이곳은 늘 설치미술에 좋은 무대가 된다.

를 위해 지어진 임시 건축물이라 할지라도 그 의미를 되새기며 해마다 점검하고 수리하여 오늘의 모뉴먼트로 이어 간다.

사상과 예술이 협력하거나 때로 대립하면서 하나의 형태를 만들고, 그것을 도시 속에서 해석하고 감상하며, 다시 그것을 오마주hommage 삼아 또 하나의 생각을 탄생시키는 것. 이것이 바로 파리라는 도시가 다양한 시간과 형태를 동시에 띠고 살게 하는 배경이 아닐까. 그들이 이어 온 시간의 끈을 따라 강가를 거닐며, 질투가 날 만큼 부러운 이 도시를 바라본다.

600년 전통과
열정이
_____ 깃든 곳

프랑스어를 배우던 시절, 수업 중 선생님이 질문을 던졌다.
"프랑스어를 공부할 때 가장 이해하기 어려운 분야는 무엇일
까요?"
나는 '뉴스'라고 말했고, 어떤 학생은 '경제'나 '숫자'에 관한
것이라고 했다.
그러나 선생님의 답은 바로 '유머'였다. 코미디야말로 한 나라
의 문화와 역사, 생활 습관, 가치관과 사고방식을 알지 못하면
이해할 수 없기 때문이다.

사전을 찾아 가며 신문을 더듬더듬 읽을 수 있게 되었을 즈음,
나는 프랑스 TV에서 방영하는 원맨쇼를 즐겨 보았다. 주로 안
느 루마노프Anne Roumanoff, 가드 엘마레Gad Elmaleh 같은 희극
배우들이 출연하는 프로그램을 보았는데, 화려한 무대장치도,
멋진 의상이나 대본도 없이 배우 한 사람이 무대 위 둥근 조명

아래에서 열연을 한다. 무대에 홀로 서 있는 배우는 주연이었다가 조연이 되기도 하고, 자신이 직접 연출가가 된다. 극장을 가득 메운 관객들의 눈동자는 무대를 누비는 배우의 몸짓과 손짓을 따라 움직인다. 관객들은 숨을 죽이고 경청하다가, 배를 움켜잡고 웃기를 반복한다.

이러한 유머리스트Humoriste들은 사회, 정치, 문학, 철학과 예술을 하나로 엮는다. 다루는 주제는 다양하다. 영국이나 독일 사람들과 구별되는 프랑스인들의 습관, 취직에 성공하는 인터뷰 비결, 클럽에서 이성에게 매력을 발산하는 법, 유명 배우들 혹은 현직 대통령에 대한 이야기 등 오늘 우리가 살고 있는 곳의 풍경들이 이들의 날카로운 시선에 익살과 풍자를 담은 이야기로 만들어진다. 오늘 밤 테마는 내일 밤 테마와 같지 않다. 내일 쇼의 주제는 내일의 뉴스에서 새롭게 나올 것이기 때문이다.

프랑스식 유머와 코미디, 연극 문화는 그들만의 독특한 위상을 지키며 생활 속에 자리 잡고 있다. 아마도 그것은 중세의 종교극부터 희극과 고전극을 거쳐 정착한 프랑스의 '극장 문화'에서 온 것이 아닐까 한다.

프랑스에서 극장은 영화관과 구별된다. 영화를 상영하는 곳은 시네마cinéma라고 하고, 공연을 하는 곳은 테아트르théâtre라고 한다. 파리 사람들이 모조리 휴가를 떠나 도시가 텅 비는 7~8월을 제외하고, 매일 밤 파리 곳곳의 크고 작은 극장에서는 배우들이 땀 흘려 연기하는 연극이나 오페라를 볼 수 있다.

이러한 문화가 600여 년을 이어 왔기에 각 극단과 극장 건물에 얽힌 역사와 전통도 뚜렷하다. 코메디프랑세즈Comédie-Française, 오페라 코미크Opera Comique, 오데옹 극장Théâre de l'Odéon, 오페라 가르니에, 오페라 바스티유, 샤틀레 극장

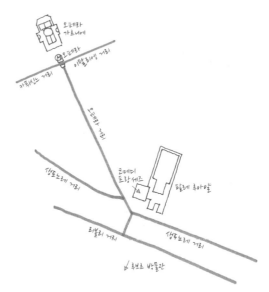

코메디프랑세즈의 위치와 전경.

Théâtre du Châtelet, 올랭피아 홀Olympia Hall 등 유서 깊은 극장과 극단들이 '파리'라는 밀가루 반죽 속에서 효모처럼 부풀어 도시의 문화를 살찌우고 있다.

그중에서도 코메디프랑세즈는 세계 최고의 명문 극단이자 연극인들에게는 꿈의 극단이다. 프랑스 연극사를 새로 쓴 어느 배우 겸 극작가의 삶이 녹아 있기도 한 코메디프랑세즈가 걸어온 길은 곧 세계 연극의 역사라고도 할 수 있다. 카펫을 판매하던 부유한 상인의 아들로 태어난 장밥티스트 포클랭Jean-Baptiste Poquelin은 유복한 환경에서 교육받고 명문 학교를 졸업했지만, 연극에 빠지면서 당시 파리의 유명 극단인 마레 극단과 부르고뉴 극단에 나간다. 21세이던 1643년에는 친구 몇몇과 극단을 만들고, 몰리에르Molière라는 예명으로 프랑스 남부에서 순회공연을 하며 12년간 실력을 다진다. 그 후 파리로 돌아와서는 루브르 궁전에서 〈사랑에 빠진 의사L'Amour médecin〉를 공연하는데, 이 작품을 관람한 루이 14세가 그의 연기에 감동한다.

이때부터 몰리에르는 왕의 총애를 받으며 활동하다가 1661년부터 팔레 루아얄 안에 위치한 극장에 국왕 전속 극단으로 정착하여 이를 자기 일생에서의 중요한 활동 무대로 삼는다. 그는 태양왕 루이 14세를 위한 극작과 공연을 이어 나갔고, 〈동 쥐앙Don Juan〉을 비롯한 대작들을 여럿 발표해 성공을 거듭하며 왕의 사랑을 받았다.

그러나 무리한 창작 활동으로 피로가 누적되어 건강을 잃어 가던 그는 결국 폐결핵에 걸렸고, 10여 년이 흐른 후부터는 왕의 총애마저 잃었다. 그즈음 루이 14세의 관심이 무용극이나 오페라로 옮겨 갔기 때문이다.

몰리에르는 작곡가 장밥티스트 륄리Jean-Baptiste Lully와 협력하여 노래와 무용을
결합한 발레 장르인 오페라 발레Opera Ballet를 탄생시키며 활동을 계속하지만,
왕의 관심으로부터는 점점 멀어져 갔다. 이는 훗날 오페라 등 극 분야의 발전
에 영향을 주기도 하지만, 안타깝게도 몰리에르 자신은 그의 작품 〈상상병 환
자Le Malade imaginaire〉의 상연을 지켜보던 중 쓰러져 숨을 거두고 만다.

그가 세상을 떠난 뒤, 루이 14세의 명령으로 몰리에르의 극단은 부르고뉴 극
단과 통합되어 1680년에 코메디프랑세즈로 이름을 바꾸었다. 몰리에르가 희
곡에 쏟았던 열정과 흔적을 그대로 이어받은 이 극단을 사람들은 요즘도 '몰
리에르의 집maison de Molière'이라고 부르기도 한다. 현재 오페라 거리Avenue de
l'Opéra와 생토노레 거리가 만나는 곳에 자리 잡고 있는 코메디프랑세즈 건물은
1900년에 발생한 화재로 개축한 모습이며, 이곳은 몰리에르의 작품들 외에도
다양한 레퍼토리로 매년 300회 이상의 공연을 열면서 프랑스 극장 문화의 전
통을 이어 오고 있다.

코메디프랑세즈는 초대형 세트장과 특수 무대장치를 보유하고 있는 것으로도
유명하다. 우리는 객석에 앉아 '무대'라는 액자 속에 펼쳐지는 광경만을 본다.
그러나 영화관과 달리 극장은 관객의 눈에 보이지 않는 공간에 각종 무대장치
및 장면별로 필요한 무대배경들을 숨기고 있다. 무대의 배경들은 빨래 건조대
에 걸린 옷처럼 바닥이나 천장에 달려 있다가, 때가 되면 무대 위로 자리를 옮
기는 것이다.
루이 13세 집권 시절, 리슐리외 공작duc de Richelieu의 도움으로 국내외 정세가

몰리에르가 마지막으로 앉았다는 의자가
코메디프랑세즈 건물 앞에 전시되어 있다(아래).

오페라 가르니에의 전경(위).
아래 사진은 오르세 미술관에 전시된 오페라 가르니에의 단면 모형으로,
수많은 기계장치가 숨어 있음을 알 수 있다.

안정되자, 프랑스 사회는 좀 더 우아하고 세련된 공연 문화를 요구하게 되었다. 따라서 훗날 몰리에르가 활동하던 시기에 극장은 이미 그러한 무대 구성 기술이 많이 개선되어 있었다. 코메디프랑세즈에서도 일찌감치 앞선 기술의 이탈리아식 장치가 사용되고 있었고, 기계 및 원근법을 도입하여 달이나 별, 구름이 레일 위를 타고 지나가거나 흔들리도록 했다.

이러한 기술이 진화해 오늘날에는 무대 위 동상이 입을 움직이며 독백을 하는 등 늘 새로운 무대 효과를 선보이고 있다. 유구한 역사만큼 공연 의상과 소품의 종류도 다양해서, 그것들을 최상의 상태로 보관하기 위해 온도 및 습도를 조절하는 장치까지 보유하고 있다.

대로와 광장이 엉킨 파리의 한가운데에 보석처럼 박혀 있는 오페라 가르니에 또한 극장에 관해 이야기할 때면 빼놓을 수 없는 곳이다. 여기에 있던 파리 오페라단은 1989년 오페라 바스티유의 완공과 함께 그곳으로 옮겨 가지만, 많은 사람들이 여전히 이곳을 '파리 오페라Opéra de Paris'라는 이름으로 부른다. 설립 후 주로 오페라와 발레 공연장으로 쓰인 이곳에서 상연된 작품들은 프랑스 오페라의 발전에 큰 영향을 주기도 했다.

오늘날 우리가 보는 이 극장의 모습은 1875년 리노베이션된 것이다. 1858년 오페라 가르니에의 감독 겸 바리톤 가수의 마지막 공연을 관람하기 위해 나폴레옹 3세 부부가 이곳을 방문하자 그들을 노린 폭발물 테러가 발생하면서 건물이 손상되었기 때문이다.

황제의 차가 극장 앞에 주차되었을 때 일어난 세 번의 폭발로 8명이 사망하고 150여 명이 부상을 입은 이 비극은 결과적으로 더 안전하고 더 화려한 극장을 탄생시킨다. 서둘러 열린 공모전은 프랑스 최초로 권력에 의한 지명이 아닌 경쟁을 통해 선발된 건축가에게 설계를 맡긴 사례이기도 하다.

당선작으로 건축가 샤를 가르니에Charles Garnier의 작품이 선택되고, 공사는 빠르게 진행되었다. 지하와 지상에 여러 가지 기계장치를 집어넣어야 했으며 특히 15미터 높이의 무대배경이 무대 밑으로 들어가야 했다. 이를 위해 사방에서 흘러드는 지하수와 싸우며 건물의 하부를 깊게 파 내려갔다.

마침내 재탄생한 이 극장은 건축적인 면에서 고전 양식과 바로크 양식, 근대양식이 모두 혼합된 모습이다. 당시 사람들은 이 건축양식을 미하저으로 어떻게 해석해야 할지 의아해했다. 이를테면 건물 전면부를 색조 대리석으로 장식하는 방식 등은 더 이상 유행이 아니었기 때문이다. 전해지는 일화로 나폴레옹 3세의 황후 역시 이 극장 앞을 지나며 가르니에에게 이렇게 물었다고 한다. "이 건축이 무슨 양식이죠? 그리스 양식도 아니고, 루이 16세나 루이 15세 양식도 아닌데요."

그러자 가르니에가 대답했다.

"이것은 우리 시대가 필요로 하는 현재의 스타일입니다. 바로 '나폴레옹 3세 양식'입니다."

이러한 신고전주의 양식에는 웅장함과 낭만이 섞여 있다. 음악, 서정시, 비극, 춤 등을 상징하는 조각으로 기둥을 장식한 호화로운 외관과 더불어, 가르니에는 1층 내부에 7개의 아치형 입구를 만들어 관객을 유입시킨다. 또 들어서자마자 마치 무대에 선 듯 화려한 곡선형 계단과 통로가 이어지게 함으로써 관

오늘날 오페라 가르니에의 천장에는
1964년 마르크 샤갈이 그린 천장화가 있다.

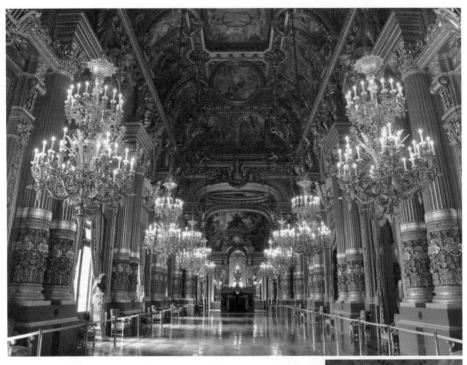

객이 빠른 시간 안에 객석으로 이동하도록 했다.

지금 나는 오페라 가르니에의 옛 풍경을 상상하며, 슈만^{Schumann}의 곡을 듣기 위해 객석에 앉아 있다. 머리 위로 커다란 샹들리에와 샤갈의 천장화가 보이고, 금빛 실내장식 사이에 놓인 붉은 벨벳 의자에 앉아 앞뒤를 둘러본다. 마치 섬세한 조각품 안에 들어와 있는 듯하다. 막이 오르기 전 담소를 나누는 사람들과 상기된 기분을 공유하며, 커튼이 열리는 순간을 기다린다.

서점, 아파트, 카페 등 파리지엥들이 일상을 보내는 공간은 새로운 재료 혹은 디자인을 만나며 늘 변화를 겪는다. 그러나 아주 서서히 변하기 때문에, 달라진 공간에서도 예전의 모습을 떠올릴 수 있다.

건물의 회벽을 이루는 미세한 석회 알갱이처럼, 기억의 입자는 일상의 공간 곳곳에서 살아 숨 쉬고 있다.

3부

일상의
공간

E s p a c e   q u o t i d i e n

끝없는
욕망의
____ 미로

느리게 걷고 싶은 날에는 파리 중심부 곳곳의 갤러리galerie
couvert를 따라 걷는 것도 좋다. 길의 중간에 생겨난, 예상치 못
했던 입구로 들어가 건물을 건너고, 건물과 건물 사이에 고급
상점들이 들어선 길을 따라 걸으며 시간을 보낼 수 있다. 좁은
골목이지만 어둡지 않은 이곳. 갤러리는 소비와 사치 문화가
만들어 낸 근대의 발명품이다.

오늘날 파사주와 갤러리의 구분이 엄격하지는 않다. 그러나
기본적으로 지나가는 길, 즉 통로를 통칭하여 '파사주'라고 하
고, 그중 철과 유리로 지붕을 씌운 파사주로서 주로 서점, 부티
크 등 고급 상점이 길게 늘어선 공간을 '갤러리'라고 한다. 그
리고 참고로 아치형 천장으로 이루어진 통로 공간 전반을 '아
케이드arcade'라고 부른다.

이러한 갤러리는 대부분 프랑스 왕정 복고기인 19세기 초반

갤러리 베로도다(Galerie Vero-Dodat),
루브르 박물관 근처에 있다.

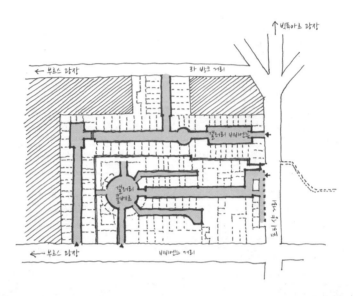

루브르 박물관 근처에 위치한 갤러리 비비엔느(Galerie Vivienne)와
갤러리 콜베르(Galerie Colbert)의 19세기 초 평면도(위).
당시 갤러리 콜베르의 풍경(아래).

에 만들어졌다. 최신 물건을 가장 빨리 접하고 구입할 수 있었던 이곳은 자본주의를 축소해 놓은 하나의 '세계'였다. 또한 비가 내리는 날에는 피신처 역할을 해 주며 언제라도 쇼핑을 할 수 있는 산책로를 제공했다.

이 통행로들을 걷다 보면 파리가 세계의 문화 수도였던 19세기의 화려한 시절로 어렵지 않게 돌아갈 수 있다. 닳아서 반짝이는 바닥의 돌 위로 한 걸음씩 천천히 떼면서, 벽에 걸린 오브제들과 천장의 철 구조물, 조명, 책이나 옷을 판매하는 가게들을 바라보며 약 200년 전 이곳의 풍경을 상상해 본다.

파리 시를 수놓은 철골 건축과 이리저리 어슬렁거리는 군중, 투명한 지붕 아래로 늘어선 가게들, 물건을 진열하는 상인과 이를 감상하는 구경꾼들, 그들 사이에서 자기과시를 하며 들떠 있는 댄디dandy들, 그리고 특별한 목적 없이 배회하는 사람들을 차례로 눈앞에 불러낸다.

특히 19세기의 세련된 멋쟁이를 일컫는 댄디는 당시 프랑스 사회의 모습을 보여 주는 키워드이기도 하다. 그들은 최근에 나온 따끈따끈한 고급 옷과 액세서리를 걸친 채, 환한 미소로 타인을 의식하며 이곳을 걸었을 것이다. 여유롭게, 고상하게. 그리고 내일 몸에 걸칠 새로운 상품을 찾아 진열대 앞을 서성인다. 그들은 부리나케 움직일 필요가 없는 사람들인 듯하다. 가진 것은 시간뿐이라는 듯, 마치 느리게 걷기 대회에 참가하기라도 한 사람들처럼 거북이 같은 속도로 이곳을 유영한다.

파사주와 갤러리를 이야기하자면 보들레르와 벤야민을 말하지 않을 수 없다. 보들레르는 대중성과 쾌락주의가 탄생한 19세기 파리의 아케이드에서 모더니티modernity를 새롭게 발견했고, 후세대의 벤야민은 보들레르의 그러한 개념을 발전시켰기 때문이다.

보들레르는 자신의 책《1846년 살롱Salon de 1846》에서 모
더니티를 "새로움"이라고 표현했고, 1863년 출간된《현대
생활의 화가Le Peintre de la Vie Moderne》에서는 모더니티를
"일시적이고, 우연적이며, 즉흥적인 것"이라 정의했다. 그
리고 이를 발견할 수 있는 최적의 장소가 파리의 아케이
드라고 보았다.

한편 유대계인 벤야민은 독일 나치즘의 압박으로 1933년
프랑스로 망명한 뒤 파리에 머물면서 이 도시를 상세히
살펴보기 시작했다. 세상을 은유적으로 바라본 그는 경제
및 사회 구조가 문화로 나타나는 모습을 연구하고자 했다.
그래서 세계의 수도라 불리는 파리의 파사주와 갤러리를
배회하는 사람들, 만국 박람회의 인파 등에 주목했고, 이
로써 상품의 물신성과 대중의 무의식을 관찰한다. 그는 보
들레르의 텍스트를 인용하면서 자신의 독특한 생각을 더
했는데, 이는 사후 40여 년이 지난 1982년에《아케이드
프로젝트Das Passagen-Werk》라는 제목의 책으로 출간되었다.

자본주의의 성숙된 화폐 경제로부터 생겨난 현대 대도시
의 모더니티는 노동의 분화와 상품의 대중화를 통해 소비
패턴이 빨라지는 순환 고리를 만든다. 이러한 구조에서 탄
생한 '유행'이라는 개념을 벤야민은 모더니티를 구성하는

본질적 요소로 간주했다. 그리고 빠르게 변화하는 유행을 가장 확실히 파악할 수 있는 장소가 바로 수많은 상품들이 유행에 맞추어 신속하게 진열되고, 다시 새롭게 진열되는 장소인 아케이드라고 생각했다.

그는 소비에 빠져 있는 군중을 '도시의 발명품'이자, 특정 계급이나 집단이 아닌 다양하고 모호한 사람들로 이루어진 무리로 보았다. 벤야민에 따르면, 그러한 대중은 자본주의의 달콤한 유혹에 취해 있는 상태이다. 이들에게는 유행에 따라 구입한 새로운 상품들이 삶의 권태에서 벗어나게 하며, 사회적 신분마저 상승한 듯한 환상을 가져다준다.

보들레르와 벤야민은 그러한 군중에 섞여 있으면서도 자본주의의 틀과 거리를 두고자 했던 사람들로, 세상을 날카롭게 바라보고 그 사이의 균열을 발견했다. 구경꾼과는 다른 개념인 이러한 산책자flâneur, 플라뇌르로서의 시선이 지적 탐구의 한 과정이자 예술을 창조하는 계기가 된 것이다.

시대가 바뀐 오늘날에도 이러한 파사주와 갤러리가 흥미로운 이유는, 대중에 대한 보들레르와 벤야민의 관찰과 분석이 지금 우리의 모습과도 일치하기 때문인 듯하다. 현대는 여전히 '소비의 사회'이다. 우리는 사회와 문화가 만들어 놓은 미로 속을 거닐며 소비를 하고, 그로써 무료한 일상에서 벗어난 듯 새로워짐을 느낀다. 유행을 만드는 사회는 상품의 광택이 가시기도 전에 새로운 이름을 붙이고 디자인을 조금 바꾼 물건으로 또 다른 소비를 부추긴다. 우리는 눈앞 진열대에 놓인 최신 상품들을 소비함으로써 내가 사회에서 어떠한 존재인지를 입증하려 한다. 나를 둘러싼, 매번 업그레이드되는 물질 속에서 행복하다고 느낀다.

막 만개하기 시작한 자본주의의 도시 속에서 보들레르와 벤야민이 그랬던 것처럼, 나는 갤러리의 어느 카페에 앉아 약 200년 전 이곳의 풍경을 머릿속에 그려 본다.

햇빛이 잘 드는 카페에 자리 잡은 여인들. 레이스 달린 모자에 검은색 실크 장갑을 낀 차림으로 향 좋은 커피와 케이크를 즐기며, 한껏 차려입고 아주 느린 걸음으로 지나가는 신사들과 서로를 곁눈질한다. 저마다 멋을 부린 채 누군가가 자신을 봐 주기를 바라는, 19세기의 모던 파리가 이곳에 되살아난다.

갤러리 비비엔느의 현재 모습.

삺의 껍질과
_____ 껍질 사이

사람에게 외면과 내면이 있듯, 길가에 서 있는 건물들도 마찬
가지이다. 우리가 길을 걸을 때 보게 되는 건물의 겉모습 뒤로
미처 알지 못했던 숨겨진 모습이 있다.

도로를 마주 보고 대부분 약 7층 높이로 낮게 깔린 파리의 베
이지색 건물들은 풀로 붙여 놓은 듯 다닥다닥해서, 어디서부
터가 한 건물의 시작이고 끝인지 쉽게 구별되지 않는다. 그러
나 시간을 들여 바라보면, 진회색 아연 지붕의 각도와 높이가
조금씩 다르고 창문들의 모양과 높이도 다르다는 것을 알 수
있다. 또 건물과 건물의 경계에는 벽난로와 연결되어 올라온
연통들이 흙으로 빚은 화분 모양으로 들쭉날쭉 꽂혀 있다.

이러한 건물들의 1층을 보면 입구 위편에 번지수를 알리는 파
란색 현판이 걸려 있다. 그 아래로는 높고 묵직한 문 또는 건
물 안으로 이어지는 파사주가 보인다. 파사주의 길이는 자연

스럽게 건물의 두께만큼이 되고, 여기에는 대개 우편함과 작은 장식품 같은 것이 있다. 통로가 끝나는 곳은 언제나 밝은 빛으로 가득 차 있다. 이윽고 그 끝에 도착하면, 가위로 오려 붙인 듯한 사각형의 하늘 아래로 건물들에 둘러싸인 공간을 만난다. 이러한 빈 공간을 쿠르cour라고 한다.

쿠르는 바깥세상과 연결된 동시에 단절된 공간이다. 건물과 접해 있는 외부공간이라는 점에서 우리나라의 마당이나 중정과도 비슷하지만, 공간으로서 쿠르가 갖는 특징은 사람들이 거주하는 아파트들을 벽처럼 이용하여 만들어진다는 점이다. 즉 다른 이의 삶터를 재료로 한 '공간 속의 공간' 혹은 '삶의 사이'인 것이다.

역사적으로 쿠르는 모래바람이나 더위, 외부인 또는 도둑을 건축적 구조를 이용해 방어하려는 데에서 비롯되었다. 쿠르의 구조는 흑사병 등의 전염병이 창궐했던 중세 시대에 큰 효과를 발휘했는데, 건물 외부에서 오물과 병균이 유입되는 것을 막으면서도 건물 내의 독립적인 환기 장치가 되어 주었다. 그러한 전통이 여태 남아 이 비어 있는 공간은 길거리와 반대 방향에 위치한 집들에도 신선한 공기와 햇빛을 공급한다. 또 외부에서 들어온 사람들을 다시 각 건물로 이동시키는 기능을 하기도 한다.

한편, 도로에서 건물로 들어가는 파사주의 천장에는 수평으로 가로질러 건물을 떠받치는 두꺼운 나무 보가 있는데, 이 나무의 상태로 건물의 대략적인 나이와 주택, 공방 등 건물이 지어질 당시의 용도를 짐작할 수 있다. 여기저기 벌레 먹어 구멍 난 보를 그대로 노출하고 천장을 거친 회벽으로 마감한 경우도

바스티유 광장 근처의 파사주들.
천장의 마감 방식이 각기 다르다.

있는 반면, 근대화를 겪으면서 구조재를 노출하지 않고 회벽으로 반듯하게 다듬어 샹들리에를 매단 경우도 있다.

쿠르에 이르기 전 반드시 거쳐야 하는 파사주는 그와 같이 건물에 따라 조금씩 다른 모습을 하고 있으며, 잠시 후 펼쳐질 새로운 공간과의 만남을 기대하게 되는 '설렘'의 장소이자 '첫 교감'의 장소가 된다.

지나가다가 유명인을 봤다고 해서 그 사람을 안다고 할 수는 없는 것처럼, 거리에서 건물의 외관만 지나친 것으로는 그 건물을 제대로 안다고 할 수 없다. 건물과 대화하려면 역시 쿠르로 들어가야 한다. 정장에 넥타이, 꼿꼿한 자세의 신사 같은 외관과 달리 건물은 정장 바지 같은 것은 벗어던지고 편안한 면바지 차림으로 손님을 맞이한다.

물론 정장을 그대로 입은 채 "무슨 일로 오셨죠?" 하며 되묻는 듯한 쿠르도 있다. 그런 곳은 나도 왠지 마음이 편하지 않아 그냥 한번 둘러본 후 곧 나오게 된다. 불과 한 달 전에 만들어진 듯 지나치게 잘 정리되어 있거나, 앉아서 쉴 만한 나무 그늘 하나 없는 곳도 마찬가지이다.

그러나 도시 한복판에 있는 공간임에도 들어서는 순간 편안해지는 쿠르가 더 많다. 해를 받아 반짝이는 식물들의 초록빛과 청량한 공기가 다른 세계에 온 것 같은 느낌을 준다. 풀과 나무, 기분 좋은 햇살, 적당히 닳아 반들반들 윤이 나는 돌바닥, 돌 틈으로 예쁘게 자란 들꽃과 잡초. 도시 속에 위치하지만 인간적인 매력이 있는 이런 쿠르는 특히 맑은 날 오후에 가면 그 정취를 제대로 느낄 수 있다.

쿠르 한쪽에 자리를 잡고 앉으면 집집마다 창가에 내놓은 작은 식물이 보인다.

가끔은 창턱에 걸쳐 널어놓은 빨래를 볼 수도 있는데, 푸른 하늘을 배경으로 하늘거리는 흰 빨래들이 맑은 오후의 풍경과 제법 잘 어울린다. 그렇게 여러 삶들이 감싸는 고요한 공간에 앉아 있으면, 사람들의 시간 사이에 나 홀로 존재하는 듯 마음이 무척 차분해진다.

쿠르 산책을 하기 좋은 곳으로는 마레 지구, 그리고 바스티유 근처의 포부르 생앙투안 거리가 있다. 포부르 생앙투안 거리의 건축 사무소에 근무했던 나는 점심시간을 이용해 이 근처를 매일 조금씩 나누어 걷곤 했다. 그중에서도 오페라 바스티유 뒤편의 골목에는 고급 가구 세공 장인인 에베니스트ébéniste들의 오랜 발자취가 남아 있다. 13세기부터 18세기까지 여기에는 큰 수도원이 자리 잡고 있었는데, 15세기 후반부터 이 지역이 독립 구역으로 지정되고 관세가 면제되면서 에베니스트들이 모여들어 자연스레 가구 판매상이 들어섰다고 한다.

"옛 가구에 흥미 있으세요? 건물 안쪽 쿠르에 있는 전시장을 둘러보세요. 할인 중입니다. 우리 아틀리에에서 직접 제작하고 있어요."
짙은 남색 정장에 야구 모자를 쓴 남자가 골목을 지나가는 사람들을 향해 말한다.

바스티유 광장 근처의 한 골목.
지금도 가구점들이 자리 잡고 있다.

왕권이 강력했던 17세기 바로크 시대부터 각종 공방들이
모여 있던 이곳이지만, 역시 시대의 흐름을 거스르지는 못
했다. 산업화가 진행되고 근대화를 맞으면서 가구에도 철
제 구조를 사용한 미학이 생겨났고, 대량생산의 영향으로
이 지역의 가구 산업은 쇠락의 길을 걷게 되었다.

1970년대 초만 하더라도 길 양옆으로 가구 판매상들이
늘어서 있고, 골목 안으로 들어서면 에베니스트들의 공방
이 있었다고 한다. 하지만 점차 린뉴 로제Ligne Roset, 실베
라Silvera 같은 현대식 가구 브랜드에 매장을 하나씩 내어
주거나, 디자인 사무실 혹은 건축 사무실로 바뀌었다. 그
것이 현재 이 주변에 디자인이나 건축 사무실이 많은 이
유이기도 하다.

포부르 생앙투안 거리를 큰길에서 바라보면, 도로 양옆으
로 건물만 가득 차 있는 것처럼 보인다. 하지만 자세히 보
면 그렇지 않다. 건물과 건물 사이에 좁은 골목이 있거나,
길 안쪽에서 다시 다른 건물로 들어가도록 이어 주는 예
쁜 파사주들이 숨어 있다. 그리고 그곳에서 만나는 쿠르에
는 드물지만 여전히 전통 속에서 고집스럽게 살아가며 망
가진 의자나 칠이 벗겨진 가구를 손보는 사람들이 있다.

걷고 싶은 날에는 점심 식사를 마친 뒤 미로처럼 연결된

골목 사이를 돌아본다. 늘 새로운 길을 선택해, 옛 가게들
이나 벽면에 붙어 있는 오래전 광고, 낙서 등을 둘러보며
천천히 걸음을 옮긴다. 과거에 사용했다가 미처 떼어 내지
못한 간판이나 표지판, 버려진 물건들을 보며 걷다 보면
예상치 못한 쿠르를 발견할 때도 더러 있다. 골목에 묻어
있는 기억을 따라가다 보면, 마치 시간을 가두어 둔 듯 특
별하고 새로운 공간을 만나게 되는 것이다.

'둘러싸임'으로 생겨난 공간, 그리고 삶의 껍질과 껍질 사
이에 생겨난 공간, 쿠르. 오늘도 누군가는 이곳의 한구석
에 조용히 앉아 하늘을 올려다보고 있을 것이다.

상상의
재료를
파는 곳
_____

디자이너와 건축가들에게 서점은 상상을 위한 재료들을 판매
하는 공간이다. 이곳에서 구입한 책은 그들에게 가서 또 다른
생각과 형태로 탄생되기 때문이다.

이러한 서점이라는 공간에는 책에 담긴 이야기와 더불어 작가
들의 고민, 새 책에서 나는 잉크 냄새, 책을 부드럽게 넘길 때
의 소리와 감촉이 모두 함께하고 있다.

언젠가부터 나는 한 권의 책은 잘 디자인된 건축물과 닮았다는
생각을 한다. 책에는 줄거리를 지탱하는 구조가 있고, 그 구조
를 구성하는 문장과 단어가 있다. 디자이너가 어떤 재료를 어
떻게 조합해 나갈까를 고민하듯이, 작가는 문단과 문단, 문장과
문장, 단어와 단어를 고민하고 그 이음매와 여백을 만든다.

그러면 독자들은 책을 읽으며 작가가 책 속에 만든 공간을 방
문한다. 작가가 만들어 둔 문장과 단어의 길을 따라가며, 작가
의 의도대로 그곳을 산책하는 것이다. 그런 의미에서 책이란

다양한 공간을 저마다의 형태로 담고 있는 씨앗과도 같다.

파리 곳곳에는 오랜 역사를 이어 온 작은 서점들이 많은데, 나는 주로 서너 곳을 즐겨 찾곤 한다. 회사 점심시간에 자주 들르던 오페라 바스티유 뒤편의 서점인 글자가 열린 나무L'Arbre à Lettres, 시내 한복판에서 저녁을 보내다가 언제라도 가 볼 수 있는 라 윈La Hune, 퐁피두 센터의 전시를 둘러본 후 들르는 같은 건물 1층의 퐁피두 서점, 그리고 건축 전문 서점 르 모니퇴르Le Moniteur 등이다. 여기서는 그중에서도 글자가 열린 나무와 라 윈을 소개할까 한다.

글자가 열린 나무는 비어 있는 공간인 쿠르를 바라보며 책을 고를 수 있는 곳이다. 서점 입구는 포부르 생앙투안 거리 62번지에 위치해 있지만, 서점 내부는 근처의 쿠르Cour du Bel air로 이어진다. 그러한 쿠르의 여백은 책 속 풍경으로 채우기 좋다. 책이란 역시 그 이야기와 풍경을 풀어 놓을 빈 공간이 필요한 모양이다.

모든 쿠르에는 표정이 있어서인지, 쿠르 옆에 붙어 있는 이 서점에도 왠지 특별한 느낌이 있다. 사람과 사람이 만나 첫눈에 반하고, 돌아선 다음 그 표정을 잊을 수 없는 것처럼, 공간에도 그처럼 매력적인 곳이 있는 듯하다. 화려한 화장이 없어 한눈에 띄지는 않지만 바라볼수록, 함께 지낼수록 은은한 향기가 배어나는 사람처럼.

어림잡아 100제곱미터 정도 되어 보이는 이 서점의 규모는 개인적으로 가장 이상적이라고 여기는 크기에 해당한다. 가령 너무 크고 넓어서 마치 세상의 모든 책이 다 있다거나 평생 볼 일이 없을 법한 책까지 있다고 생각하면, 그곳

서점 글자가 열린 나무.

을 다 돌아보기도 전에 지치고 말 것이다. 하지만 이곳은 평생 동안 여기 있는 책 3분의 1은 읽을 수 있지 않을까 하는 포부를 가져 볼 수 있는 규모이다.

서점에 들어서면 가장 먼저 느껴지는 것은 특유의 종이 냄새이다. 의도하지 않았는데도 장소와 그 안의 물건들이 만나 자연스럽게 만들어진 냄새가 분명하다. 같은 향수를 뿌려도 시간이 지나면 사람마다 다른 향기가 나는 것처럼, 이 냄새가 있는 곳은 전 세계를 통틀어도 이곳뿐일 것이다. 자꾸 맡아도 질리지 않고, 돌아서면 그리워진다.

이 냄새 때문인지, 길가에 있다가 이곳에 오면 새로운 세계에 온 기분이다. 시간의 체계가 전혀 다른 공간에 발을 들여놓은 듯하다. 바깥 도로의 소음은 들리지 않고, 시간은 빨리 흐르다가 밀도 있게 천천히 흐르기도 한다.

푸른빛이 도는 짙은 회색 책장 아래로, 바닥은 잘게 쪼갠 갈색 나무를 이어 붙였다. 눈에 잘 띄지 않는 할로겐 스폿 조명이 책장과 테이블에 진열된 책들을 눈부시지 않게 밝힌다. 이 적당한 조도가 마치 서재에서 책을 보는 듯한 느낌을 주는지도 모른다. 곳곳의 벽과 기둥은 점원들이 채도가 낮은 붉은색이나 푸른색 종이로 바꿔 가며 감싸는데, 테이블의 책들과 잘 어울린다.

서점 치고는 공간이 좁고 긴 형태라서, 책은 서점 입구를 따라 양옆의 벽에 꽂혀 있거나 중앙의 기둥을 활용해 놓은 테이블 위에 진열되어 있다. 이러한 진열 방식은 평소 지적으로 흠모해 오던 친구의 서재에 들어선 느낌이다. 마치 "내가 얼마 전에 읽었는데 꽤 괜찮은 책이야" 하고 말하는 듯해서, 그 제목들을 하나하나 보게 된다.

서점 주인은 흰머리가 섞인 장발에 통통한 체구의 아저씨로, 커피를 한잔하러
서점 옆 건물의 바에 가면 늘 샌드위치를 한입 베어 물고 독서 중이다. 첫인상
이 썩 좋지는 않은 사람인데, 책 이야기를 하면 금세 웃는 얼굴로 바뀐다. 서점
에 온 손님들이 저자의 이름이나 내용을 인용하며 책을 찾으면 머리를 긁적거
리고는 책장으로 가서 그 책을 꺼내 오곤 한다.

이곳에서 일하는 사람들은 대부분 책을 읽거나 정리하는 데 시간을 보낸다.
가게에 들어온 포도주를 다 마셔 본 주인장이 손님에게 멋진 술이라며 한 병
권하는 것처럼, 여기에 진열된 책은 아마 점원들이 한 권, 한 권 읽어 맛을 본
뒤 엄선한 책일 것이다.

이 서점 안쪽에는 마치 빛의 우물인 것처럼 유리 천장에서 자연광이 쏟아지고
그 옆으로 쿠르와 접해 있는 작은 공간이 있다. 규칙적인 프레임으로 짜인, 폭
이 좁고 높은 창문 너머로 쿠르의 풍경이 보인다. 화단의 초록 식물들과 돌바
닥에서 노는 참새들을 보며 책을 고른다. 숨통이 트여 시원해진 마음이 빈 도
화지 같아 생각으로 채울 수 있다.

쿠르를 옆에 두고 책장에서 책을 꺼낸 뒤, 밝은 하늘을 보며 펼쳐 드는 것. 이
한 순간만으로도 이곳에 잠깐이나마 시간을 내어 들를 이유는 충분하다.

한편, 시내에서는 생제르맹 거리의 역사에서 빼놓을 수 없는 라 윈 서점에 들
러볼 만하다. 19세기 중반 창립되어 역사를 이어 온 출판 그룹인 플라마리옹
이 서점의 소유주이다.

이곳 역시 규모가 크지는 않지만 양질의 책들을 선별해 놓았는데, 문인이나

예술가들이 많이 오가는 동네인 만큼 예술적인 분위기를
잘 유지하며 1949년 문을 연 이래 오늘날까지 문학·예
술 전문 서점으로 운영되고 있다. 에밀 졸라, 기 드 모파상
등 많은 대형 작가들이 거쳐 갔으며 지금도 유명 작가들
이 함께하는 이 출판 그룹은 퐁피두 센터 1층의 예술 서점
도 함께 운영하고 있다.

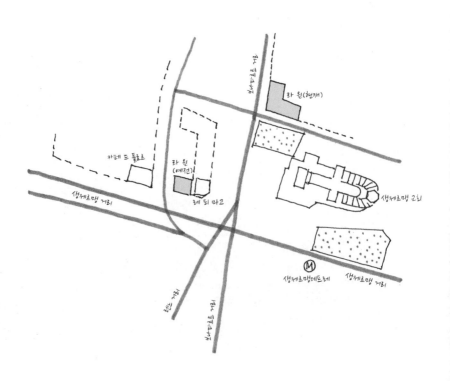

사실 2012년 초까지만 해도 라 윈 서점은 근처의 다른 곳에 자리 잡고 있었다. 19세기 후반부터 줄곧 예술가들의 아지트였던 카페 드 플로르Café de Flore와 레 되 마고Les Deux Magots 카페 사이가 그 자리였다.

위치상 큰길을 바라보고 있어 동네의 움직임이 한눈에 보이던 곳으로, 바깥에서 활기찬 분위기에 있다가도 안으로 들어서면 북적거림이 사라지면서 책을 고르는 데 집중할 수 있었다. 또 창밖 자동차와 사람들을 배경으로 하여 진열된 책들은 파리라는 도시와 잘 어우러져, 그 내용이 더 궁금해지면서 사고 싶어지곤 했다. '사람들 사이에 놓인 책', 이보다 더 좋은 디스플레이가 있을까. 그 땅의 사유는 일상의 풍경 속에서 태어난다는 것을 실감한다. 반대로 인도에서 보면 이곳의 쇼윈도에는 신간과 함께 늘 재미있는 예술 작품과 그림, 사진들이 가득해, 라 윈에서 책이란 늘 예술과 맞닿아 있음을 보여 주기도 했다.

그러나 몇 년 전부터 이 지역에서는 대로변의 가게들이 비싼 임대료를 견디지 못해 고급 패션 브랜드 매장 등에 자리를 내어 주고 동네를 떠나는 일이 빈번해졌다. 라 윈도 예외는 아니었다. 이에 대해 파리 5구장은 어느 일간지 인터뷰에서 다음과 같은 말을 했다.

"생제르맹은 문화 정신을 유지해야 한다. 이미 많은 패션

생제르맹 대로에 있던 예전 라 윈의 저녁 풍경.

브랜드가 동네에 들어와 있는 것이 현실이고, 이런 변화 속에서 서점들은 힘겨운 문화적 싸움을 견뎌야만 했다. 문학적 장소성이 없다면, 생제르맹은 더 이상 생제르맹이 아닐 것이다."

그 밖에도 많은 예술가들의 관심과 우려 속에서 플라마리옹은 명품 패션 그룹 LVMH와 협상을 벌였고, 최종적으로 라 윈은 자리를 내어 준 뒤 대로변에서 약간 떨어진, 근처의 생제르맹데프레Saint-Germain-des-Prés 광장 쪽으로 옮기게 되었다. 아쉽지만 그래도 멀지 않은 곳에 다시 보금자리를 틀게 된 것을 다행스러워하는 사람들이 많다.

자리를 옮긴 서점도 그 분위기는 변함이 없다. 전체적으로 흰색 톤에 따뜻한 조명, 정갈하게 놓인 책들로 섬세한 손길을 내밀어, 사람들은 자연스럽게 책을 집어 든다. 전과 같은 복층 구조로 누군가의 서재에 올라가는 듯한 2층이 있고, 문학 및 예술 서적은 물론 건축·디자인·사진·영화·음악·그래픽·패션 등 다양한 분야의 책들이 다시 진열되어 있다. 달라진 점이라면 2층 창가에서 내다보면 전처럼 넓은 대로 대신에 광장과 교회가 눈에 들어온다는 것인데, 차분한 분위기 때문인지 왠지 책을 고르는 데 좀 더 시간을 들이게 된다.

디자인 서적 등 다른 곳에서 쉽게 구할 수 없는 책들이 많다는 장점 외에도, 라 윈의 문은 아침 10시부터 밤 12시까지 항상 열려 있다. 시내에서 일을 보고, 차분히 저녁 식사를 마친 뒤 와인까지 한잔한 늦은 밤에도 이곳에 와서 메트로가 끊기기 전까지 책을 볼 수 있다는 것. 이것이 라 윈의 가장 큰 매력이 아닐까 한다.

이러한 서점들을 보면, 문학을 비롯한 예술은 결국 같은 생각을 각기 다른 방법으로 표현한 것일 뿐 동시대를 살아가는 사람들이 공유하는 생각은 하나의 끈으로 이어져 있는 것 같다는 생각이 든다. 그리고 지금 이 시간에도 많은 사람들이 그 끈을 만나며 상상의 나래를 펼치고 있을 것이다. 프랑스 특유의 예술과 디자인은 이런 작은 서점들이 매개가 되어 생각을 공유하고 예술에 대한 안목을 높여 준 덕분이 아닐까?

새로 이사한 라 윈의 모습.

왕의 일과를
형성화한 공간

프랑스에서 '왕의 아파트'라고 하면 베르사유 성 내에 마련된
수백 개의 방 중에서도 특히 루이 14세를 위한 방들을 말한다.
그리고 이는 베르사유 성의 한가운데에 위치하고 있다.

루이 13세 시절만 해도 이 성은 잡초와 모기가 들끓는 늪에 둘
러싸여 사냥철 임시 숙소로 쓰였다. 앞서 1부의 '정원' 편에서
이야기했듯이, 지금의 화려한 모습은 국가 재정을 총감독하던
니콜라 푸케의 저택을 향한 루이 14세의 질투에서 비롯된 산
물이다. 루이 14세가 44세이던 1682년, 왕비가 세상을 떠나자
그는 루브르 궁전에서 이곳 베르사유로 거처를 옮겨 와 '왕의
아파트'라 명명하고 30년 동안 줄곧 거주한다. 왕의 아파트를
포함한 성 전체는 루이 16세의 통치 기간까지 무려 53년에 걸
쳐 3만 6,000여 명의 손을 빌려 건립되었다. 루이 15세와 16
세가 모두 태어나고 거주한 이곳은 프랑스 대혁명 전까지 왕
들이 일과를 보내는 곳으로 사용되었다.

프랑스의 소설가 조르주 페렉은Georges Perec은 1974년 출간된 저서《공간의 종류Espèces d'espaces》에서 다음과 같이 말한다.

"일상생활 속 우리의 행동들은 각 시간의 단면과 같고, 각 시간의 단면은 아파트의 방 하나와 같다."

즉 우리 삶에서 공간이란 우리가 보내는 하루의 시간을 형상화한 결과물이라는 것이다.

순서는 저마다 다를 수 있지만, 대체로 우리는 침대에서 일어나 화장실과 욕실에서 일을 본 뒤 주방에서 간단히 식사를 한다. 드레스 룸이나 옷장에서 옷을 꺼내어 입고, 현관에서 신발을 신고 거울을 본 후 밖으로 나간다. 집에 돌아오면 다시 현관과 드레스 룸을 거쳐 거실에서 잠시 시간을 보내고, 주방에서 저녁 준비를 하고 식사를 한 후 잠자리에 든다. 우리의 행동이 곧 하나의 방이나 공간이 되는 것이다. 나라나 문화가 다르면 서로 기능이 다른 공간이 존재하는 것도 그 때문이다.

왕의 아파트 역시 '왕의 하루'를 생각하면 각 공간과 그 쓰임새를 어렵지 않게 짐작할 수 있다. 아침에 눈을 뜨면 주치의가 왕의 건강을 살핀다. 그 뒤 왕은 식사를 하고, 업무를 보거나 회의를 하고, 오락을 하기도 한다.

여기에 왕의 이러한 일과를 보조하는 많은 신하들의 일과가 왕의 일과를 둘러싸고 있다는 것을 생각하면, 결국 왕과 신하들의 일과를 모두 합쳐 놓은 형상이 바로 왕의 아파트이자 궁전이 된다.

한 예로, 태양왕 루이 14세의 평소 일과는 다음과 같았다.

대리석 바닥의 중정은 베르사유의 건축 공간 중에서 가장 오래된 부분이다.
2층 정중앙의 화려한 창문 세 개에 해당하는 방이 왕의 침실이다.

07:30~08:00 "폐하, 일어나실 시간입니다."

건물 한가운데에 위치한 왕의 침실에서 이루어지는 기상 의식은 공식 행사였다. 신하가 대리석 중정을 향해 난 창문의 커튼을 젖혀 왕을 깨운다. 주치의가 들어와 왕의 건강을 확인하는 것을 시작으로 왕족 남성들이 문안을 여쭙고, 씻겨 주는 하인, 머리를 손질하고 가발을 씌우는 하인, 면도를 담당하는 하인 등이 차례로 들어온다.

09:00 아침 식사를 한다. 그동안 신하들은 드레스 룸에서 옷을 가져와 대기한다. 왕이 그중 하나를 선택해 오늘의 의상 콘셉트가 정해지면, 신하들이 차례로 입혀 하루의 의상을 완성한다.

10:00 거울의 방Galerie des Glaces에서 신하 행렬이 대기하고 있다. 신하들을 뒤세우고, 일직선으로 줄지어 있는 방들을 지나며 궁전을 돌아본 후 성당으로 향한다.

10:30 왕실 교회 2층의 연단에 앉아 30분 가량 미사를 드린다.

11:00 돌아와 집무실에서 5~6명의 장관들과 회의를 한다.

13:00 자신의 방 혹은 대기실에서 창문을 마주하고 혼자 식사를 한다. 이때는 벽난로 앞 큰 테이블에 의자를 하나만 놓는다. 또는 오전 기상 의식을 돕던 신하들을 불러 함께하기도 한다.

14:00 정원에서 산책을 한다. 가끔은 신하와 사냥개들을 데리고 몰이사냥을 한다.

17:00 왕의 아파트로 돌아온다.

18:00 일주일에 몇 번, 특별히 마련된 오락실에서 과자를 먹으며 음악을 연주하거나 카드놀이, 당구 등을 즐긴다.

22:00 대기실에 음식이 준비된다. 왕은 벽난로를 등지고 자리에 앉고, 그 주위로 왕족들이 둘러앉는다. 차례로 서비스되는 음식을 받으며 음식이 식탁 위에 예술처럼 차려지는 광경을 즐긴다. 철학을 말하고, 문학에 대한 대화를 주고받으며 식사를 한다. 미식가였던 루이 14세는 특히 자신의 정원 채소밭에서 나는 아스파라거스와 초록색 콩을 좋아했다고 한다.

23:00 기상 의식과 같이 왕의 취침 의식이 이루어진다. 왕자나 신부, 또는 대사 중 한 사람을 지목해 의식이 끝날 때까지 곁에서 촛불을 들게 한다. 왕은 셔츠, 치마, 모자를 포함한 잠옷으로 갈아입은 다음 신하들을 물리며 잠자리에 든다.

이 같은 왕의 일과표와 함께 방들의 배치를 보면, 하나의 공간이 하나의 기능으로, 때로는 다용도로 존재했다는 것을 알 수 있다. 현관 옆으로 왕을 호위하는 근위병의 방이 있고, 대기실 겸 만찬실이 이어진다. 또 다른 대기실은 왕의 기상 의식과 취침 의식을 돕는 이들이 기다리거나 왕이 옷을 갈아입는 데 사용된다. 건물 정중앙에 둔 왕의 침실은 그곳이 곧 세상의 중심이라는 상징적인 의미를 지닌다. 침실 옆은 집무실로, 프랑스를 통치하는 데 필요한 모든 일을 이곳에서 관장했다.

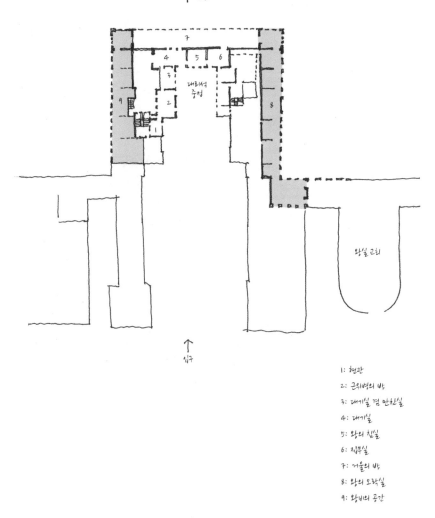

↑ 정원

7

4   5   6

3

대리석
중정

2

9

8

1

↑
입구

왕실 교회

1: 현관

2: 근위병의 방

3: 대기실 겸 만찬실

4: 대기실

5: 왕의 침실

6: 집무실

7: 거울의 방

8: 왕의 오락실

9: 왕비의 공간

베르사유 성 2층의 평면도

아침에 침실에서 나온 왕은 왕실 교회로 이동해 미사와 함께 공식 일과를 시작했다.
2층 발코니 연단의 푸른 원이 그가 앉던 위치를 보여 준다.

침실과 집무실 뒤쪽에 위치한 거울의 방은 길이 75미터에 폭 10미터, 높이 12
미터의 넓은 공간인데, 벽면을 17개의 아치로 나누어 578개의 거울로 장식했
다. 1687년에 완성된 이 방은 주로 궁정 축제 등 중요한 행사, 외국 사신들의
접대 장소로 쓰였다. 거울의 방 옆으로 이어진 평화의 방 등 8개의 공간Grand
Appartement은 루이 14세가 각국의 외교사절들을 접견하거나 오후 시간을 즐기
는 오락실로 사용되었으며, 그 밖에는 왕비의 공간이 같은 층에 있다.

루이 14세는 문화와 예술을 정치에 이용했다. 그는 자신이 머무는 모든 곳에
본인의 위엄이 깃들어 있어야 하며, 자신의 권력과 영광을 드러낼 수 있어야
한다고 생각했다. 그는 각지에 흩어져 있던 귀족들을 정기적으로 파티에 초대
했고, 화려한 궁중 문화를 과시하는 동시에 그것을 익히게 했다. 이로써 귀족
들의 충성심을 시험하면서 감시까지 할 수 있었던 그는 중앙 권력의 중심지를
파리에서 외곽의 베르사유로 집중시켜 갔다.

또한 그는 세상에서 가장 크고 가장 아름다운 궁전을 만들기 위한 일에 직접
관여하기를 좋아했다. 오늘날까지 역사를 이어 오고 있는 기업인 생고뱅Saint-
Gobain도 이 당시인 1665년에 세워졌다. 생고뱅은 건축에 필요한 모든 종류의
유리를 제작하는 프랑스 제1의 유리 회사이다. 이곳을 세운 그는 몸소 방문해
장인들을 독려하기도 했는데, 이 장면은 실내장식용 직물인 태피스트리tapestry
로 남아 있어 당시의 분위기를 생생하게 전한다.
생고뱅은 이탈리아에서 예술가들과 기능공들을 초빙해 그 기술을 적극적으로
받아들였다. 그들에게서 유리 기술을 배운 프랑스 장인들은 판유리 제조법을

발명하기에 이르러, 베르사유의 명품이자 유리 기술의 결정체인 거울의 방을 만들어 낸다. 장인들은 여기에 그치지 않고 왕궁과 공공건물을 위한 비품까지 생산하게 되고, 국가 주도의 장식 예술decorative arts이 하나의 사조를 만들며 발달하는 계기가 된다. 이는 유럽의 다른 국가들과 그 궁전에도 빠른 속도로 영향을 주었다.

한편, 가구 분야 장인인 앙드레 샤를 불André Charles Boulle은 이탈리아, 독일, 중국의 가구 양식을 조사한 뒤 그것을 프랑스식으로 해석하고 접목, 종합하여 루이 14세 시기의 독특한 스타일을 만든다. 연대기상 루이 14세가 이룩한 왕의 아파트 및 가구를 바로크 양식으로 보는 견해가 지배적이지만, 엄밀하게는 프랑스식 르네상스 양식을 확립한 뒤 고전 양식에 바로크 양식의 화려함, 절대왕정의 위엄까지 더한 루이 14세만의 독자적 양식으로 보는 것이 적절하다.

건축과 가구, 예술을 화려함의 극치로 승화시킨 루이 14세는 프랑스는 물론이고 유럽 역사에 소위 럭셔리luxury 문화를 도입한 인물이 되었다. 유럽의 다른 왕족들에게도 궁전의 화려한 건축양식 및 실내장식을 전달하여 화려함과 고귀함이라는 새로운 코드를 알린 것이다. 훗날 볼테르Voltaire는 이 시대를 "소크라테스와 알렉산드로스가 활약하던 고대 그리스의 황금기에 뒤지지 않는, 인류 역사상 가장 위대한 시대 중 하나"라고 칭송했다. 뿐만 아니라 루이 14세 시대에 왕궁을 방문한 귀족들에게는 그러한 경험이 문화 예술에 대한 안목을 높이는 계기가 되어, 이후 루이 15세 시대에 자신들의 저택을 새로운 스타일인 로코코 양식으로 장식하기도 한다.

더불어, 루이 14세의 절대왕정 시기에 신화적 장식 요소와 위엄, 강하고 직선

왕의 침실 내부(위).
왕의 방 뒤편에 위치해 광활한 정원을 향하고 있는 거울의 방(아래).
거울의 방에서는 대규모 궁중 행사와 화려한 의식 등이 진행되었다.

니심 드 카몽도 박물관(Musée Nissim de Camondo)에 전시된 루이 15세 양식의 방.
루이 14세 때와 달리 화려함과 곡선미를 볼 수 있다.

적인 화려함을 갖추었던 가구는 루이 15세에 이르러 정교한 꽃무늬 세공에 우아함과 실용성을 결합한 곡선 스타일로 변해 가면서 가구 디자인 역사에 절정을 꽃피운다. 서양에서 이는 아직도 '디자인 이전의 디자인' 혹은 '디자인의 고전'으로 남아, 많은 가구 디자이너들에게 끊이지 않는 영감을 주고 있다.

다행스럽게도 오늘날 왕의 아파트는 박물관에서나 볼 수 있는 옛것으로 남지 않고 상류층의 문화에 깊이 흡수되었다. 방들이 일렬로 줄지어 있는 구조, 하나의 공간이 하나의 목적을 갖는 공간 문화, 실내장식과 가구 배치 방식, 집 안 곳곳에 예술품을 두는 것 등은 실제로 고급 아파트에서 어렵지 않게 볼 수 있다. 한 시대에 존재하던 예술 양식과 문화가 시간이 한참 지난 지금도 고급문화로 인식되는 이러한 문화적 토양이 참으로 멋지다.

Appartement parisien
파 리 지 앵 의 아 파 트

도시 근대화의
_____ 아름다운 산물

셴 강을 등지고 오페라 거리를 따라 걷다가 어느 부동산의 쇼
윈도 앞에 잠시 멈추어 섰다. 파리에 사는 사람이라면 누구나
한 번쯤 꿈꾼다. 제대로 된 오스만 양식의 아파트를 소유하거
나 혹은 그곳에서 살아 보기를 말이다. '창문 너머로 저 멀리
뤽상부르 공원Jardin du Luxembourg이나 에펠탑이 보인다면 더할
나위 없이 멋지겠지?' 하는 생각과 함께.

베이지색 건물이 오페라 거리를 따라 줄지어 서 있다. 프랑스
식으로는 '0층'인 지상층에 위치한 상점, 3층과 5층의 검은색
주철 발코니, 그리고 규칙적으로 낸 창문과 푸른빛이 도는 회
색 아연 지붕들. 마치 원근법 이론에 충실하게 그려진 베두타
Veduta, 도시 경관을 사실적으로 묘사한 18세기 이탈리아의 풍경화를 연상시킨다. 오페
라 가르니에 옆 오베르 거리Rue Auber에서 오스만 거리로 이어
진 건물들의 풍경은 맨 위에 블랙베리를 얹어 놓은 여러 겹의

생크림 케이크 같다. 그 위로 보이는 하늘은 파리의 천장
이 되어 떠 있다.

파리의 낭만을 상징하는 회색 아연 지붕의 베이지색 건물
들. 대부분 큰길가에 있는 이러한 오스만식 아파트는 나
폴레옹 3세와 오스만 남작이 추진한 근대 도시계획의 산
물이다. 여기에는 오스만의 임무가 숨어 있었는데, 그것
은 늘 잠재되어 있던 혁명의 근원을 파리를 현대화함으로
써 제거하는 것이었다. 우선 곳곳의 어두운 장소들을 없애
반정부 세력의 은신처를 제거하고, 혁명 세력이나 폭동 세
력이 도주하기에 용이한 좁은 골목을 넓혀 군대의 이동을
원활하게 하고자 했다. 이를 위해 큰길과 새로운 양식의
건물이 필요했다.
그때까지만 해도 파리는 중세 도시의 형태를 크게 벗어나
지 못하고 있었고, 크기가 오늘날 파리 시의 절반이었기
때문에 밀도가 높아 터져 나가기 직전이었다. 좁고 꼬인
도로는 1851년 기준으로 6만 대가 넘는 자동차들을 감당
하기 벅찼다. 엉킨 건물과 건물 사이는 늘 어두웠고 오염
된 공기와 부패된 가스로 가득 차 있었으며, 하수 시설이
갖추어 지지 않아 도시는 오물과 쓰레기, 악취와 전염병에
시달려야 했다.

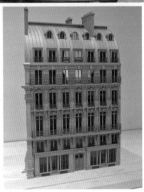

전형적인 오스만식 아파트와 그 모형.

나폴레옹 3세와 오스만은 이런 파리를 뒤엎는다. 시 외곽의 경계를 넓혀 도시를 두 배로 키우고, 대로를 만들어 양옆으로 오스만식 아파트와 공원, 또 그것들을 장기적으로 유지하기 위한 상하수도망을 대대적으로 건설한 것이다.

또한 도시에 대해 오스만은 '건물은 독립적으로 존재할 수 없고 도시의 경관에 맞게 하나의 스타일로 지어져야 한다'는 원칙을 갖고 있었고, 건물의 총높이를 약 25미터로 제한했다. 프랑스식으로는 6층, 한국 기준으로는 7층 높이에 해당한다. 그리고 지붕의 경사는 45도에, 건물 한 층의 높이는 최소 2.6미터 이상이 되도록 했다.

세계가 경쟁적으로 고층 건물을 건설하느라 바빴던 시절, 건물의 높이와 형태에 두었던 이러한 규제는 오늘날 파리에 통일된 아름다움을 선물해 주었다.

몇 년 전 개봉한 영화 〈6층의 여인들(Les Femmes du 6e Étage)〉에 묘사된 것처럼, 한국 층수로 7층에 속하는 지붕층은 프랑스에서 집안일을 맡아 하는 '식모 방' 또는 '하녀 방'으로 통한다. 분위기 있어 보이지만 실제로는 아주 좁고 천장이 낮으며 여름에는 덥고 겨울에는 춥다. 예전에는 외부에 공동 화장실을 두었지만, 요즘은 학생들이 거주하면서 작게라도 각 방에 화장실과 주방 시설을 마련해 둔 경우가 많다.

오스만식 아파트 내부의 구조적 특징이라면 프랑스의 궁
전이 그렇듯 방과 방 사이의 문을 일직선상에 배치한 앙
필라드enfilade, 일련, 연속를 들 수 있다. 건물 입구에서 복도를
따라 늘어선 문들을 통해 각 방에 들어가면, 서로 이웃한
방을 드나들 수 있는 또 다른 문이 일직선상으로 놓여 있
는 것이다.

당시만 해도 건물의 내벽이 건물 전체를 지탱하는 구조체
에서 자유롭지 못했기 때문에, 벽을 세울 위치 등을 미리
계획해야 했다. 따라서 건물의 설계 시점부터 방 하나하나
의 크기와 쓰임새를 세심히 파악하지 않으면 안 되었다.
이런 이유로 오스만식 아파트는 입구에서 이어져 미술품
등을 진열한 복도galerie, 응접실, 응접실 옆 서재나 음악실,
저녁 만찬을 하는 식당, 그리고 각 방으로 연결된 동선 등
이 부르주아들의 생활양식과 입지 조건에 얼마나 잘 맞게
짜여 있는지가 그 고급스러움을 결정하는 요소가 된다.

오스만식 아파트를 서로 비교해 보면, 외관은 정면의 돌조
각 장식 외에 큰 차이가 느껴지지 않는다. 그러나 내부는
훨씬 다양하다. 한 집이 건물의 한 층을 다 쓰는 경우 작은
궁전에 들어온 것처럼 웅장함과 아기자기함이 섞여 있고,
한 층을 두세 집 정도로 나눠 쓰는 곳은 공간의 크기별로
평면 구조가 다르다.

방과 방이 이야기를 주고받듯이 붙어 있다.
오스만식 아파트의 방은 요즘 아파트에 비해 좁고,
모든 방에는 난방을 하던 벽난로가 남아 있다.

옛것과 새것이 조화를 이루고 있다.

궁전을 축소해 놓은 듯한 아파트 문화 때문에, 프랑스에는 영국이나 미국처럼 공장 지대나 상업 공간으로 쓰였던 건물을 개조해 벽 없이 넓은 개방감으로 멋을 낸 로프트loft 스타일의 주택은 많지 않다. 파리지엥의 아파트는 방 하나에 한 가지 기능을 부여하고, 방마다 데커레이션을 다르게 하면서 옛 건물의 정취를 살리는 경우가 대부분이다.

옛 벽체를 그대로 두고 천장에 노출된 목재 구조물 등도 그대로 살려, 지금 사용 중인 현대식 물건들과 대비되는 시각적 즐거움을 즐긴다. 예를 들자면, 묵직한 나무 책상 위에 매킨토시 컴퓨터와 필립 스탁Philippe Starck이 디자인한 스탠드 조명을 올려놓는다. 책상 뒤쪽으로는 카펫을 깔고 디자이너 장마리 마소Jean-Marie Massaud의 모던하고 심플한 밝은색 가죽 소파를 놓고, 벼룩시장에서 구입한 예스러운 조명을 켠다. 서로 100년 이상의 시간 차를 갖는 공간과 물건 사이에서 살아가는 것이다.

이러한 문화를 통해 그들에게는 어느 시대의 어떤 가구가 좋다거나 어느 시기의 디자인 스타일과 장식 기법이 좋다고 밝힐 수 있는 시대적 취향이 자연스레 배어 있다. 오브제와 예술품이 주거에서 중요한 비중을 차지하고 벼룩시장이 여전히 활성화되어 있는 이유일지도 모른다.

파리지엥의 아파트에는 공간을 이용하는 중요한 방식이 하나 더 있는데, 바로 조명을 적극적으로 활용한다는 사실이다. 저녁이 되면 파리의 아파트 내부는 또 다른 공간으로 변한다. 집 곳곳에 놓인 그림, 조각과 오브제들이 빛을 받아 살아나기 때문이다. 그처럼 공간과의 관계에서 각각의 사물이 갖는 가치를 높이는데, 이때 조명은 필수품이 된다.

오래전, 저녁 시간에는 처음으로 파리지엥의 아파트를 방문했을 때 나는 실내가 어두침침하다고 느꼈다. 저녁이 되면 답답함 없이 밝은 조도로 거실이며 방을 밝히는 한국에 비해 지나치게 어두워서 어색했다. 시간이 지나, 그 어색함의 정체는 공간을 '밝히는 것'과 '비추는 것'의 차이임을 알게 되었다. '밝힌다'는 것은 어떤 공간 전체를 밝게 만드는 것으로, 그 결과 모든 곳이 환하기 때문에 빛과 어둠의 경계가 뚜렷하지 않다. 한편으로 '비춘다'는 것은 좀 더 구체적이고 특정한 곳을 밝게 하는 것으로, 빛과 어둠 간의 경계를 만들어 내는 것이 아닐까 한다.

이를 위해 파리지엥들은 전등갓을 활용한다. 빛을 원하는 곳에 가둔 뒤 공간 안에 자연스럽게 그려지도록 하는 것이다. 미술관에서처럼 그림과 화병이 놓인 탁자를 비추고, 좋아하는 책을 비추고, 명상하기 좋은 소파 한구석을 비춘다. 손으로 만져지는 재료가 '현실'의 공간을 만들어 준다면, 빛은 우리에게 '환상'의 공간을 만들어 준다. 낮에 인식되던 형상을 지워 버리고 새로운 공간을 그리는 재료가 된다.

해 질 무렵 파리의 거리를 걸으며 아파트를 올려다보면, 창가에 하나둘 켜지는 실내조명의 조도가 모두 다른 것을 알 수 있다. 공간에 따라 서로 다른 빛을 그려 내는 파리지엥의 이러한 아파트 문화가 이 도시의 저녁 풍경을 더욱 아름답게 하는 것 아닐까.

저녁 무렵 외부에서 보는 파리의 아파트는
그 자체로 훌륭한 오브제가 된다.

식탁 위의
예술이
_____ 펼쳐지는 무대

프랑스의 계몽주의 철학자 몽테스키외Montesquieu는 다음과 같
이 말한 바 있다.

"프랑스의 음식 문화는 다른 나라와 차이가 있다. 프랑스인들
은 음식을 먹는 것이 아니라 디느dîne를 한다."

'디느'는 여러 사람이 식탁에 둘러앉아 대화하며 예술과 음식
을 함께 즐기는 일종의 의식을 말한다. 여기에는 서비스를 받
는 예술art de recevoir과 식탁 위의 예술art de la table이 함께하는
데, 이를 음식을 먹는 것 못지않게 중요하게 여긴다. 말하자면
그날의 콘셉트로 요리된 음식이 나오는 것을 하나의 의식처
럼 여기며 설레는 마음으로 기다린다. 잘 데커레이션된 식탁
위로 이윽고 음식이 나오면, 눈으로 먼저 감상한 후 맛을 보며
음식을 평하고 이야기를 나누는 것이다.

프랑스인들은 그래서 '큰 저녁'이라는 의미의 그랑 디네grand
dîner 약속이 잡히면, 거울도 한 번 더 보고, 식탁에서 나눌 대

화를 위해 지금 열리고 있는 전시 정보라든지 재미있는 일화 등으로 이야기보따리를 채워 둔다. 음식과 술을 느린 속도로 음미하며 그러한 이야기들을 하나씩 풀어 놓는다.

그런데 프랑스인들의 식탁이 처음부터 이렇게 세련되었던 것은 아니다. 클로드 지디Claude Zidi 감독의 영화 〈아스테릭스Asterix & Obelix Contre Cesar〉를 보면 프랑스인의 모태가 되는 골루아 족은 숲 속 마을에서 멧돼지 바비큐와 스프 정도를 주로 먹었던 것으로 그려진다. 이처럼 프랑스에는 고급 요리라고 할 만한 것이 없었다. 실제로 중세 프랑스의 그림에 묘사된 식사 장면에는 포크 등은 없고 접시만 보인다. 이는 그냥 잘라서 접시에 놓고 먹는 음식 또는 마시는 수프 종류 등 발달하지 않은 당시의 식문화를 말해 준다.

프랑스 요리가 '문화'로 새롭게 태어난 것은 1533년 앙리 2세와 결혼하게 된 이탈리아 메디치 가문의 카트린느가 이탈리아에서 각종 식기류와 요리사를 대동하고 오면서 부터이다. 데려온 요리사와 하인들은 다채로운 조리법과 푸르셰트fourchette, 작은 포크 같은 식기, 그리고 세련된 식탁 예절 등을 프랑스 음식 문화에 새롭게 전파시켰다. 피렌체의 앞선 요리 기술은 프랑스 요리사들을 감동시켰고, 프랑스의 요리는 빠르게 진보한다. 건축뿐만이 아니라 요리에서도 '식탁의 르네상스'가 시작된 것이다.

하지만 이탈리아 요리를 토대로 발전했다고 해서 프랑스 요리가 그와 같지는 않다. 프랑스는 지중해와 대서양에 면하고 있어 기후가 온화하고 농산물과 축산물, 수산물이 모두 풍부하므로 요리하기에 좋은 재료를 제공한다. 그처럼 프랑스 요리는 자국의 신선한 재료들이 이탈리아의 선진 기술과 만나 비로소 완성되었고 이후 요리사들에 의해 계승, 발전되었다. 더불어 서양의 식탁에서 빼놓을 수 없는 포도주의 우수한 품질과 다양성, 여기에 강력한 왕권과 경제적 여유는 프랑스 요리를 세계 제일로 만들어 놓았다. 그러나 이 같은 요리 문화는 왕과 귀족들의 전유물로, 일반인들은 왕족과 귀족이 몰락한 프랑스 대혁명 후에야 향유할 수 있었다. 당시 일자리를 잃은 궁중 요리사와 고용 요리사들이 스스로 살길을 찾아 거리로 나왔고, 포장마차와 비슷한 간이 시설을 짓고 고급 요리를 소개한다. 그렇게 돈을 벌게 되면서 자신들의 간판을 건 레스토랑을 열기 시작했다고 한다.

격에 따라 달라지지만, 프랑스에서는 그날의 콘셉트에 맞는 간단한 음식을 식전 술과 함께 맛보며 식욕을 돋운 후, 몇 차례의 '전식'을 거치고, 그날의 주인공인 '본식'을 맛본다. 400종이 넘는 치즈를 비롯하여 각종 유제품과 과일, 그리고 차와 케이크 종류의 '후식'까지 통틀어 맛보아야 퍼즐 조각을 다 맞춘 것처럼 그날의 요리를 하나로 경험했다고 여긴다.

이런 의식에 레스토랑의 분위기나 테이블 장식 등은 밀접한 관련이 있다. 예를 들자면, 창의적인 요리를 주로 개발하는 요리사에게 전통적인 장식의 홀이 어울릴 리 없다. 실제로 대주방장인 그랑 셰프grand chef가 있는 레스토랑은 요리사가 자신의 요리 스타일에 맞게 주방을 구성할 뿐 아니라 레스토랑의 내부 콘셉트와 사용 색상, 식탁과 의자의

샹젤리제 거리의 레스토랑 기 사부아.

종류, 테이블 장식, 접시와 포크의 모양에 이르기까지 적극적으로 개입한다.

나는 프랑스의 대표적인 요리사 중 한 명인 기 사부아^{Guy Savoy}가 운영하는 레스토랑의 디자인에 몇 차례 참여한 적이 있다. 내가 몸담고 있는 회사의 대표이자 건축가인 장미셸 빌모트에게 세계 곳곳에 오픈할 예정인 자신의 레스토랑 디자인을 모두 의뢰한 것이었다.

한 라디오 인터뷰에서 그는 "빌모트의 미니멀한 디자인과 나의 요리가 만나 하나의 예술로 승화되었다"라고 말하기도 했다. 실제로 그는 레스토랑 외관부터 실내의 디자인, 가구와 조명 디자인, 접시 디자인, 심지어 벽에 걸어 둘 예술 작품까지 빌모트와 논의한다. 그의 레스토랑은 파리 내에서도 지점별로 가격대가 다르지만, 어느 곳에 가든 프랑스의 전통과 현대적이고 미니멀한 디자인의 조화를 경험할 수 있다.

그 밖에도 세계적인 요리사 조엘 로뷔숑^{Joël Robuchon}의 아틀리에 조엘 로뷔숑 Atelier Joël Robuchon, 알랭 뒤카스^{Alain Ducasse}가 운영하는 에펠탑 2층의 쥘 베른 Jules Verne과 플라자 아테네 호텔 내의 라 쿠르 자댕^{La Cour Jardin} 등 전 세계 레스토랑 평가에서 최고의 권위를 자랑하는 《미슐랭 가이드^{Michelin Guide}》로부터 별 3개 이상을 받은 레스토랑에 가면 프랑스 요리의 진수를 맛볼 수 있다.

그러나 이런 고급 음식점에서만 프랑스 요리를 경험할 수 있는 것은 아니다. 나는 점심을 주로 일터가 있는 바스티유 주변의 식당에서 먹곤 했다. 오전 근무를 마치고 허기를 채우는 이때는 하루 중에서도 꽤 기다려지는 시간이다.

직장 동료나 일터가 멀지 않은 친구를 만나 대화를 나누며 약 한 시간 반 동안 느긋하게 식사를 즐긴다.

'레스토랑restaurant'의 어원을 보면 그처럼 노동 후에 이곳을 찾는 것이 단어의 본래 의미와 더 잘 어울리는 것 같기도 하다. restauration복원, restaurer복원하다 는 '훼손된 문화재나 예술품을 처음의 모습으로 되돌려 놓는다'는 의미와 관련 있는데, 이는 우리 몸에도 같은 의미로 적용될 수 있을 것이다. 고픈 배를 채워 컨디션을 원상태로 되돌려 놓는 것일 테니까.

세상 모든 곳이 그렇듯 공방이나 상업 시설이 밀집된 지역에는 서민 음식을 파는 식당과 술집이 있기 마련이다. 정오를 소금 넘긴 시간부터 오후 2시쯤까지 이곳 바스티유 광장 주변의 골목 곳곳에서는 식당을 오가는 직장인 무리를 볼 수 있다. 날씨가 좋은 때면 볕이 잘 드는 테라스 쪽 테이블을 차지하기 위해 직장인들의 발걸음이 더욱 분주해진다. 그 작은 전쟁에서 이기고 나면, 인도를 지나가는 사람들과 닿을 듯이 좁은 테라스에 앉아 햇살을 만끽한 뒤 승자의 여유로운 눈빛으로 주변을 둘러보며 음식을 삼킨다.

이런 곳에 위치한 동네 음식점들은 빛바랜 간판과 낡은 스테이크 나이프를 가게의 자랑으로 생각한다. 맛으로 전통을 이어 왔다는 자부심인 것이다. 또 레스토랑 간에 메뉴명은 같아도 요리사에 따라 접시에 담겨 나오는 구성이나 곁들이는 음식이 각양각색이다. 아무리 삼류 요리사라 해도 그 사람만의 데커레이션 방식이 있는 셈이다.

또 이러한 음식점은 내부가 대개 1900년대 초반부터 중반에 크게 유행했던

레스토랑 파리지앵.

스타일로 구성되어 있다. 가게 전면에서 테라스의 테이블 위로 길게 늘어뜨린 차양, 폭이 좁고 긴 창틀, 내부 벽면에 붙은 거울, 벽을 따라 늘어선 긴 의자와 그 앞 작은 테이블, 맞은편의 의자, 천장과 벽면 곳곳에서 빛을 모아 주는 전등 갓, 종종 눈에 띄는 쇠붙이 장식품, 술과 커피를 서비스하는 바bar. 이는 레스 토랑 파리지엥restaurant parisien 또는 비스트로 파리지엥bistro parisien이라고 불리 는 전형적인 양식이다.

파리에 있는데 굳이 또 '파리지엥'이라는 단어를 붙여 부르는 것은, 소위 벨 에 포크Belle Époque, '좋은 시대', 19세기 말~20세기 초의 황금기에 유행했던 건축 및 장식 스타일이 파리 사람들의 마음속에 여전히 향수로 남아 있기 때문이다. 그래서 이 시기 에 만들어져 철과 목재의 정교함과 정취가 잘 남아 있는 곳을 보면 파리 사람 들은 "아주 파리답다Très parisien"라고 말하곤 한다.

와이셔츠에 나비넥타이를 맨 점원이 날렵한 동작으로 서빙하는 고급 레스토 랑은 아니라 할지라도, 좁은 공간에 다닥다닥 붙어 앉아 전식과 본식, 때로는 후식까지 차례로 음미하는 것은 한 번쯤 경험해 볼 만하다. 거리 곳곳의 음식 점에서 책을 보며 식사하는 것도 좋고, 회사가 많은 지역이라면 직장인들의 점심시간에 어울려 전식부터 후식까지를 15~20유로의 저렴한 가격에 즐기는 것도 좋다.

음식점들은 오전에 문을 열면 흑색 칠판에 흰 글씨로 '오늘의 요리(전식, 본식, 후 식과 선택 메뉴)'를 써서 식당 앞에 내건다. 식당마다 그날그날 제안하는 메뉴와 가격이 조금씩 다르니, 파리에 머무는 동안 하루에 한 곳씩 가 보는 건 어떨 까? 그럼, "본 아페티Bon appétit, 맛있게 드세요!"

신화가
_____ 머무는 장소

보이지 않지만 분명 실재하는 것들. 파리의 광장과 골목, 카페
에는 아직도 많은 '신화'들이 살고 있다. 센 강 좌안의 동네에
는 학문을 좇던 중세 젊은이들의 발걸음을 비롯해 근대와 현
대의 사유가 및 예술가들이 영감을 주고받으며 쏟아 낸 지적
산물의 흔적이 배어 있다. 그래서 라탱 지구나 생제르맹 쪽에
갈 때면 나는 과거 그 동네를 걸었던 예술가와 지성인들이 떠
올라, 활자가 갓 인쇄된 종이 냄새나 커피 향 같은 것이 그리
워진다. 가판대에서 신문을 사 들고 카페 한구석에 앉아 천천
히 넘기며, 지나가는 사람들을 구경하고 싶어진다. 그렇게 파
리의 지성은 마치 향기처럼 이곳의 공기에 섞여 있다.

눈에 보이는 형태와 인간의 언어만으로는 다 표현할 수 없는
이러한 신화는 도시 곳곳에 숨어 파리의 한 부분을 뚜렷하게
구성한다. 올림퍼스 동산과 에게 해에 그리스 신화 속 신들이

카페 드 플로르 전경.

살고 있듯이, 어떤 장소에는 그곳에 전해 오는 이야기처럼
우리 눈에 보이지 않는 것들이 어느덧 대단한 진실이 되
어 함께 머무는 것이다.

프랑스의 카페를 대표하는 곳, 생제르맹 거리 172번지에
위치한 카페 드 플로르는 파리지엥 사이에서는 '르 플로
르Le Flore'라는 별칭으로 불린다. 20세기의 문화와 예술을
만들어 간 수많은 예술가와 지성인들이 드나들었던 만큼,
그들의 영혼이 여전히 이곳에 살고 있으리라는 상상으로
파리지엥들의 마음속에 소중하게 자리하고 있다.

나 역시 그들의 흔적이 그리운 날에는 작은 테이블에 자
리를 잡고 깍두기처럼 투박하게 잘린 에멘탈 치즈를 듬뿍
얹은 샐러드와 와인 한 잔을 주문한다. 샐러드를 즐기면서
테이블 한쪽에 노트를 펴고 낙서를 하거나 카페에 오는
사람들을 구경한다.

언젠가 한 잡지에서 카페 드 플로르에 오는 사람들을 네
부류로 나눠 놓은 기사를 본 적이 있다.

"건물 기둥처럼 아예 그 자리에 눌러앉은 사람, 버릇처럼
오는 사람, 자주 찾는 사람, 그리고 배우 로버트 드 니로처
럼 파리에 올 때마다 들르는 사람."

모두가 자신만의 장소, 자신만의 구석을 마음에 새겨 두고
때가 되면 이 카페를 찾아오는 것 같다. 그래서인지 이곳

에 오면 파리지엥의 대표적인 모습들을 다 모아 놓은 듯 각양각색의 사람들을 볼 수 있다.

사실 처음 이곳을 찾았을 때 나는 적잖이 실망했었다. 오래된 오브제들과 함께 옛 정취가 묻어나는 공간을 감상하며 우아하게 식사하는 모습을 상상했건만, 제대로 된 요리라고 할 만한 것은 팔지 않고 실내장식도 별다른 것이 없었기 때문이다.

실제로 둘러봐도 때 묻은 모자이크 타일 바닥, 페인트만 칠해 고상하지도 않은 벽면, 그 벽에 걸린 커다란 거울, 소박한 천장에 달린 조명이 거의 전부이다. 2층에 고풍스런 나무 의자와 가구가 있긴 하지만 화려한 맛이라고는 전혀 없다. 카페 드 플로르는 이렇게 말하는 듯하다. "우리는 장식을 바꾸지 않습니다"라고.

그러나 사람들은 실내장식을 보러 이곳에 오는 것이 아니었다. 물론 그저 유명하다고 하니 찾는 이들도 있겠지만, 과거의 예술가와 지성인들을 만나러 오는 사람들이 있다는 것을 알게 되었다. 자리를 잡고 느긋하게 주변을 관조하며 이곳의 옛이야기를 떠올리는 한편으로, 자신과 같은 목적으로 와 있는 주위 사람들과 동질감을 느끼면서 커피를 홀짝이곤 하는 것이다. 바쁘게 움직이는 점원들 사이로, 카페 안은 이곳에 배어 있는 옛 향기의 조각을 맞추는

카페 드 플로르의 내부 풍경.
옛 향기가 전해지는 듯하다.

사람들로 늘 가득하다.

카페 드 플로르는 1887년, 큰길 반대편에 있는 작은 동상 플로라Flora의 이름을 따서 또 하나의 명소인 레 되 마고 카페 옆에 처음 자리 잡았다. 1900년대 초에 카페 드 플로르는 문인 루이 아라공Louis Aragon과 기욤 아폴리네르Guillaume Apollinaire 등이 주도한 다다이스트 그룹의 결성과 초현실주의의 태동을 지켜보았다. 이후 1930년대에는 카페 한구석에 앉아 메뉴판이든 화장지든 가리지 않고 그 여백에 풍자적인 시를 휘갈겼던 자크 프레베르Jacques Prévert를 비롯해 알베르 카뮈, 알베르토 자코메티Alberto Giacometti, 파블로 피카소, 이브 탕기Yves Tanguy 등 한 시대를 일구어 간 인물들이 이곳에서 수다를 떨고 영감을 얻으며 시간을 보냈다.

생각이나 가치에 대해 논하기를 좋아하는 '프랑스식 지성'은 이러한 카페에서의 수다가 만들어 낸 결과물이기도 하다. 카페 드 플로르에 앞서 레 되 마고가 문을 연 1875년경 생제르맹은 이미 몽마르트르와 더불어 파리 문화를 상징하는 지적 유행의 중심지였다. 라탱 지구에 접해 있어 당대 지성인들과 대학가의 젊은이들이 오가며 학문과 문화를 논했다.

그들 중에는 노벨 문학상 수상을 거절한 것으로도 유명한 철학자 사르트르를 빼놓을 수 없다. 오늘날 '세기의 지성', '시대의 양심', '실존 사상의 대변인', '낭만적 합리주의자' 등 다양한 수식어로 불리는 그는 누구보다도 카페 드 플로르를 대표하는 지성인이었다. 그는 다음과 같은 말을 남기기도 했다.
"보부아르와 나는 르 플로르에 살림을 차린 것 같았다. 공습경보가 사라지면

우리는 2층으로 올라가 작업을 계속했다.”

“르 플로르로 향하던 4년 동안의 길은 나에게 자유를 향한 길이었다.”

평생의 동반자이자 연인으로 지낸 보부아르와 그는 점심시간을 제외하고는 아침 9시부터 저녁 8시까지 줄곧 한자리에 앉아 토론하고 쓰는 일을 계속했다.《존재와 무L'Être et le Néant》외에도 그의 많은 저서와 여러 문학적 표현들은 커피 향과 자욱한 담배 연기, 사람들의 발걸음 소리가 들리고 찻잔이 부딪치는 이곳에서 쓰였다. 세 살 때부터 각막이 흐려지고 사시가 된 눈으로 그는 카페 2층 한구석에 앉아 세상의 부조리를 지켜보았고, 인간 실존과 자유에 대한 사유를 키워 나갔다.

가끔 2층 한구석에 앉아 철학자 니체의 글을 읊조린다는 프랑스의 배우 파브리스 루치니Fabrice Luchini 외에도, 배우 다니엘 오퇴이유Daniel Auteuil, 패션 디자이너 칼 라거펠트Karl Lagerfeld 등 세계의 유명 예술인들은 요즘도 이곳을 찾는다. 파리에 오면 이곳에 꼭 다녀간다는 할리우드 배우들도 종종 볼 수 있다.

어떤 공간에서 시간을 보내면, 공간과 그 공간에 존재하는 이야기들이 뭉쳐져 하나의 이미지가 만들어지곤 한다. 파리에 사는 사람들, 혹은 다른 곳에 살고 있지만 이곳을 거쳐 간 사람들, 또 이곳을 사랑하는 사람들에게 카페 드 플로르는 저마다의 이미지로 존재할 것이다. 그러나 그들 모두에게 이곳은 지난날 예술과 지성을 꽃피운 이들을 만날 수 있는 열쇠 같은 공간이 아닐까.

파리지엥과 관광객, 또 휴식과 영감을 필요로 하는 많은 예술인들은 오늘도 그들의 일상에 시간을 내어, 보이지 않는 이곳의 멘토와 대화를 나누고 있다.

파리 구역

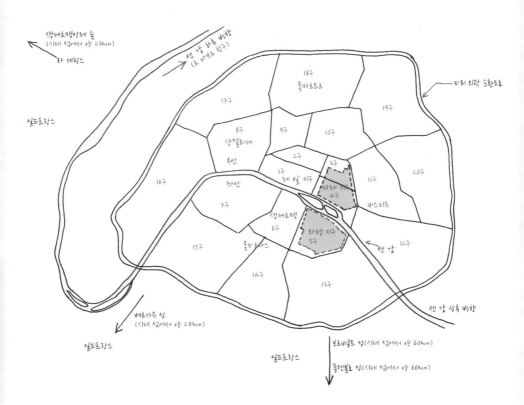

생제르맹앙레 숲
(시테 섬에서 약 27km)
라 데팡스

일드프랑스

센 강 하류 방향
(르 아브르 항구)

파리 외곽 순환도로

17구

18구
몽마르트르

19구

8구
샹젤리제

9구

10구

우안

2구

3구

16구

좌안

1구
레 알 지구

마레 지구
4구

11구

20구

7구

생제르맹

바스티유

6구

파팅 지구
5구

센 강

12구

15구

몽파르나스

14구

13구

센 강 상류 방향

베초사유 섬
(시테 섬에서 약 27km)

일드프랑스

보츠비콩트 섬(시테 섬에서 약 60km)

퐁텐블로 섬(시테 섬에서 약 66km)

일드프랑스

시테 섬 주변

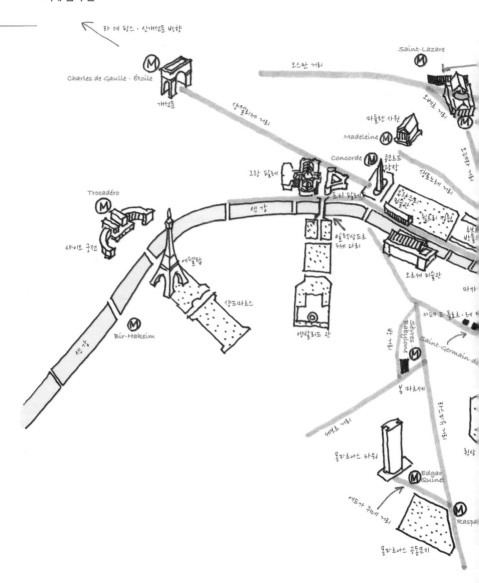

라 데 땅스 · 신개선문 방향

Saint-Lazare
오스만 거리
오나르 거리

ⓜ Charles de Gaulle - Étoile
개선문
샹젤리제 거리

마들렌 사원
ⓜ Madeleine

ⓜ 그랑 팔레
콜로르드 광장
ⓜ Concorde
콜로르드 광장
생토노레 거리

Trocadéro
ⓜ 센 강
드티 팔레
오랑주리 미술관
튈를리 정원
루브르 박물관

샤이오 궁전
에펠탑
알렉상드르 3세 다리

샹드마르스
오르세 미술관
마자

ⓜ Bir-Hakeim
센 강
앵발리드 관
Sèvres Babylone
Saint-Germain-d

봉 마르셰

세브르 거리
몽파르나스 타워
ⓜ Edgar Quinet
ⓜ Raspa

에드가 퀴네 거리
몽파르나스 공동묘지

프렝탕 백화점 · 라파예트 백화점

오페라 가르니에

우안

리슐리외 국립 도서관

갤러리 비비엔느

Étienne Marcel

Rambuteau

퐁피두 센터

피카소 박물관

마르셰 생카트린 광장

보주 광장

바스티유 광장

마레 시청

Saint-Paul

생앙투안 거리

Bastille

조르주 퐁피두 간선도로

시테 섬

t-Michel

노트르담 대성당

아리굴리 공원

오페라 바스티유

콜자가 흘린 나무

Ledru-Rollin

나시옹 광장

돈부르 생앙투안 거리

아르스날 항구

생주느비에브 도서관

베르트 산책로

도메닐 거리

좌안

센 강

베르시 공원

미테랑 국립 도서관

Cour Saint-Émilion

이탈리아 광장

Bibliothèque François Mitterrand